●本の未来を考える＝出版メディアパル　No.44

昭和の 出版が歩んだ道 増補版

本を創る人々と本を販売する人々の夢と冒険物語

能勢仁・八木壯一 共著

出版メディアパル

はしがき

昭和の出版が歩んだ道〈増補版〉

　本書は、2013年7月に発行された『昭和の出版が歩んだ道』の増補版である。

　昭和の出版事情を平易にまとめた「出版史」は、多くの読者から好評を得た。その後、シリーズ企画として、2020年7月に『平成の出版が歩んだ道』を、2022年11月には『明治・大正・昭和の出版が歩んだ道』を発行した。

　2023年は、昭和元年から数えて100年目である。この100年を元号で分けると、昭和が64年、平成が31年、令和が5年である。昭和がほぼ3分の2である。昭和は、戦前、戦中、戦後の3時期に分けられる。明治・大正の成り立ちと違う点は"戦中"という、他の時代にない時間帯があることである。

　正に「昭和は遠くなりにけり…」であるが、『新文化』の丸島基和社長から2009年に「書店の店長や若い出版人向けに、昭和時代の出版のことをわかり易く書いてほしい」と、依頼されたのが、本書のルーツである。

　初版の「はしがき」には、本書の企画意図が次のように書かれている。

　それから不定期であるが、『出版今昔物語―Time TRaVEL』として連載が始まった。連載を始めると、書店人、出版人から質問を受けることがあり、改めて出版史の大切さを知った。連載の始まった当初は、1945年〜89年(昭和20年〜64年)にターゲットを絞った「戦後出版史」を書くつもりでいた。

　ところが、1945年〜49年(昭和20年〜24年)の日配解散、東販、日販誕生を書こうとすると、どうしても戦前の日配誕生に触れざるを得なくなってしまった。その背景には1937年(昭和12年)に始まった日中戦争下の出版事情がからむことは当然であり、昭和初年からの出版の流れに触れないわけにはいかなくなった。

　つまり昭和の幕開けが世界恐慌と円本ブームという矛盾した経済環境の中で始まった。当初考えていた「出版今昔物語」は戦後から書いたのでは、不親切であり昭和初年から始めるべきとの結論に達した。円本を調べると、この時代の出版状況は根が深い。すっかり、のめり込んでしまった。図書館通いが続いた。

　その当時の出版社、現在まで継続されている出版社、軍の弾圧に合った出版

社等々、各出版社の時代史を見させてもらった。当然それは出版点数、出版内容に反映されていることがわかった。出来る限り具体的な書名、出版年、出版社名を記し、当時の出版事情を浮き彫りにしようと努めた。

　雑誌流通は大正時代に完成している。円本ブームによって、昭和のスタートは書籍流通を整備させることであった。円本時代に講談社や主婦之友社の社名があまり登場しないのは雑誌主体の出版社だったからである。昭和初期の四大取次は東京堂、北隆館、東海堂、大東館である。

　戦時体制下、出版物の一元的配給の統制機関として「日本出版配給株式会社」が設立され、四大取次は強制的に解散させられた。この強制解散に対しての反対は、ほとんど無かった。その原因は各社雇用の確保を願っていたからである。

　日配が誕生する前に新体制の布石として、内務省と出版界の出版懇談会の話し合いで、1940年(昭和15年)「日本出版文化協会(文協)」が発足している。

　文協の指導の下1941年(昭和16年)に「日配」が設立された。初代社長は江草重忠である。戦時下、文協は「日本出版会」と改組し強力な法的強制力を発揮した。1944年(昭和19年)には出版社は、2743社が203社に統合された。雑誌は2017誌から996誌に整理統合された。日配は取引書店を35％に縮小した。流通面では1943年(昭和18年)7月に書籍が、1944年(昭和19年)2月には雑誌が買切となった。荒々しい戦前の出版界であった。

　戦後、日配解散、東販、日販などの取次誕生、再販制度の成立、文庫ブーム、全集ブーム、高度成長経済、書店ストなど戦後史も荒々しい。しかし出版界は荒波もあったが、民主化で自由な活動ができたことは、戦前に比べ忘れてはならないことである。

　本書の第7章として、八木壮一さんの「バーゲンブック流通略史」を収録させて頂いた。貴重な業界史の一面を補強していただき感謝申し上げたい。

　『昭和の出版が歩んだ道』〈増補版〉の発行にあたり、序章として「昭和の社会・文化史」と巻末付録として「出版150年史年表」を追補した。
　本書が、初版同様、出版業界の未来の担い手たちのお役に立てば幸いである。
2023年3月

能勢　仁

増補版はしがきに添えて…昭和戦後の出版事情と出版流通

　出版をめぐる社会状況は、戦前と戦後で、180度違っている。戦前は、「軍国主義化の中で、言論・出版は著しく統制されていた」と言える。

　戦後は、新憲法の基で「表現の自由」が保障され、戦前のような「出版法」や「治安維持法」なども廃止され、「自由に出版活動が出来る」ようになったことである。

　戦後の出版を支えたシステムは、委託制度と再販制度（再販売価格維持制度）であるが、出版をめぐる状況が、すべて一気に好転したわけではない。当時の出版業界を支えて人々の「夢と冒険」が結実した結果と言える。その歴史に敬意を表し、戦後の「出版が歩んだ道」の軌跡を見てみよう。

■　廃墟の中、立ち上がる出版社の新しい息吹

　終戦時の出版状況は悲惨であった。東京の印刷業者の66.5％が罹災者であった。終戦年の発行点数は、わずか878点であった。戦災から立ち上がろうとする姿はたくましかった。

　誠文堂新光社の小川菊松社長が、疎開先の房州・岩井駅から帰京の汽車の中で閃いた『日米会話手帖』が終戦直後発行の大ベストセラーになった。敗戦国日本にはアメリカ軍が進駐してくる。進駐軍相手に即席に英語が必要になるわけで、それを当て込んだ出版だった。初版30万部、でき上がったのが9月15日だった。注文殺到で、最終的に360万部に達した。類似の出版物も10万部以上は売れた。世相は忙しく変わった。

　出版界の戦後15年は目まぐるしい。残存出版社は200〜300社と言われた。書店数は約3000店、取次は日配1社。この年に日本出版物小売統制組合聯合会が創立されている。

　カストリ雑誌が多く登場、教科書が検定制になる。娯楽雑誌の『平凡』が、判型をA5判からB5判に変え視覚化が成功し、売行好調、1948年（昭和23年）には出版社数は4581社と好調である。

　1949（昭和24年年）に日配が解散し、5大取次が設立される。取次同志、意気投合し、翌年には取次懇話会が結成される。業界の中枢機関となりつつある。

　1950年（昭和25年）、工学書協会特約店制度を実施した。この年に日販が工学書協会と特約店制度を結んでいる。後に「工学書の日販、雑誌の東販」といわれた素地が出来たことになる。二社対立、競合の始まりである。取次業界の売り上げは、東販が第1位、日販が第2位の関係は46年間続いた。

　同年、角川文庫が発売されて、第2次文庫ブームが起こった。第1次文庫ブームは1927年（昭和2年）のこと。岩波、新潮、春陽堂、角川、河出、大月、青木、教養文庫（社会思想社）などの文庫が多くの読者を獲得した。また、『チャタレイ夫人の恋人』わいせつの裁判が始まった。カストリ雑誌の取り締まりが強化される。この年、朝鮮戦争が始まり、“戦争特需”で日本経済は潤う。

　1951年（昭和26年）には、用紙価格が高騰して出版社は悩む。読者の購買力低下により業界に打撃、出版社数は1881社に激減する。文庫ブームは、その安価と手軽さが読者に愛好され、読書の普及に寄与したのである。

　1951年〜1960年（昭和26年から35年）の10年間は、東販、日販など取次の力が強くなり、業界は伸びた。取次の果たした役割は大きかった。

　10年の間に、文庫ブームあり、文学全集ブームあり、新書ブームありと業界を潤してくれた。東販は1959年（昭和34年）に電算機を導入、続いて日販も電算機を導入し、取次のハイテク時代が始まった。

　出版業界の高度成長を支えた「委託制度と再販制度」が、いま、揺らいでいる。

　出版市場が冷え込む中で、プロダクトアウトによる委託制度から、マーケティングを重視した市場へのマーケットインへの転換を望む声も大きくなった。

　また、再販制度の重要性が忘れられているかのように感じる。再販制度は「当面の間」維持されるが、その大切さを改めて学ぶ必要を強く感じる。

　業界三者、日本書籍出版協会（書協）、日本出版取次協会（取協）、日本書店商業組合連合会（日書連）で出版産業を支えてきたが、図書の普及の果たす役割から言えば、図書館業界も交え業界四者の強調が促進されるべきであろう。

昭和の出版が歩んだ道〈増補版〉

第3章 出版流通と技術革新 …………………… 91

第4章 取次盛衰記―取次の受難と再生 …………… 105

第5章 出版社盛衰記―出版社の夢と現実 ………… 121

昭和の社会・文化史
―昭和初期から戦後の高度成長まで―

この章の概要

　昭和が終わって 35 年が経ってしまった。出版業界で働く若い人たちは、昭和時代のことをほとんど知らない。

　年代的には、歌手の美空ひばりさんの実像を知らないはずであるが、若い人でも「ひばりの歌」のことは知っている。それは「彼女の歌が、歌い継がれているいる」からである。

　俵万智さんが『サラダ記念日』を 1987 年（昭和 62 年）に刊行し、大ベストセラーになった。短歌の本がミリオンセラーになったのは本邦初である。短歌革命だったのである。俵万智さんのことを書店の店長さんやベテランの書店員に聞いてみると、ほとんど知らない。この本は、現在でも河出文庫で発売されているが、この本の背景を知る人は少なくなった。「昭和は遠くなりにけり…」と思わざるを得ない。

　昭和の出版史を学ぶにあたって、「昭和という時代が、どんな時代だったのか」を学ぶことは大切なことである。

　昭和を「戦前（1926 年〜 1945 年）」と「戦後（1945 年〜 1960 年）」に分けて、その社会・文化史の軌跡を眺めてみたい。

昭和戦前の社会・文化史

■　昭和戦前は平時、戦時、戦中と複雑な20年であった

　昭和の幕開けは、円本ブームという社会現象であった。7冊分が一冊に凝縮された本がわずか1円とは確かに安い。しかし当時の「1円」は今の2000円ぐらいであるから高価格である。改造社、新潮社、平凡社他の全集が300種も乱舞した。「安い本を買いましょう」とバトルを仕掛けたのは岩波文庫であった。同調した文庫は改造社、博文館、春陽堂、新潮社であった。

　1928年（昭和3年）には初めて25歳以上男子による普通選挙が行われた。国民の声が届く政治体制であった。4年には日本で初めて「読書週間」が開催された。明るいニュースではアムステルダムオリンピックで、織田幹雄（24歳）が三段跳びで金メダルを仕留めた。

　この頃から軍部横暴、帝国主義化が露骨になった。満州事変、5.15事件、2.26事件、日中戦争と一挙に軍国化した。しかし社会・出版は平時であった。

　忠犬ハチ公の銅像が造られたり、無名の新人石川達三が新設の第1回「芥川賞」をとり、川口松太郎が「直木賞」を受賞している。

　当時、出版業界では講談社の『キング』が全盛を極め、書籍では岩波書店、三省堂、新潮社の活躍が目立った。書籍の発行点数は、昭和10年代がこれまででピークであった。思想の取り締まりは厳しくなり、小林多喜二が拷問を受け、死に至るなど、発禁が日常化した。

　戦局は国際化を増し、1939年（昭和14年）にドイツがイギリス、フランスに宣戦布告、翌年、日独伊三国同盟が結ばれた。

　世界は連合国側と枢軸国側に二分された。国内的には国家総動員法が発令され、既成政党が解散し、大政翼賛会が発足、一国一党となった。出版業界は用紙不足に悩み、出版流通も独裁・統制の「日配」時代に突入した。16年に始まった太平洋戦争は、ハワイ真珠湾攻撃、シンガポール陥落までの6ヵ月だけ勝利時代で、後の38ヵ月は、「負け戦」の連続であった。補給路を断たれ、栄養失調死が大半であったという末路であった。1945年8月6日広島に、9日長崎に原爆が投下された。出版界は、激しいの空襲により瀕死状態で終戦を迎えた。

表1　昭和元年（1926年）～昭和20年（1945年）までの社会・文化史

1926年 昭和元年	12月25日、「昭和」と改元。
1927年 昭和2年	円本ブーム始まる。改造社「現代日本文学全集」、新潮社「世界文学全集」など文庫ブーム始まる。「岩波文庫」創刊。「紀伊國屋書店」創業。
1928年 昭和3年	普通選挙制による衆議院選挙行われる。上野～浅草地下鉄走る。10銭均一「マルクス・エンゲルス全集」改造社発刊。
1929年 昭和4年	第一回「読書週間」行われる。日本図書館協会開催。オリンピック・アムステルダム大会にて織田幹雄三段跳び金メダル獲得。
1930年 昭和5年	小林多喜二「蟹工船」を「戦旗」5,6月号に発表。6月号は発禁処分。大阪・梅田阪急電鉄経営に初のターミナルデパート誕生する。
1931年 昭和6年	ラジオ・テキストの発行・発売がNHK出版になる。第三回国勢調査実施。内地人口6445万人、外地人口2594万人、失業者32万人
1932年 昭和7年	5.15事件起こる。犬養首相射殺される。リットン報告書、満州事変は日本の自衛行為にあらずと発表。
1933年 昭和8年	国際連盟脱退する。内務省「出版検閲制度」改革。プロレタリア作家小林多喜二、特高に築地署にて拷問され死亡。
1934年 昭和9年	「満州国」建国。溥儀皇帝となる。忠犬ハチ公（秋田犬）銅像、渋谷駅西口に建つ。
1935年 昭和10年	芥川賞・直木賞が設立される。美濃部達吉「天皇機関説」で告発される。
1936年 昭和11年	青年将校らが決起し、「二・二六事件」起こる。言論・出版統制のため内閣に情報委員会設置す。
1937年 昭和12年	「日本読書新聞」創刊。　日中戦争始まる。人民戦線検挙。商工省「雑誌用紙の自主規制」方針を決定する。
1938年 昭和13年	「国家総動員法」公布。「岩波新書」創刊される。大内兵衛、有沢広巳、美濃部亮吉ら教授30余人が検挙される。第二次人民戦線事件である。
1939年 昭和14年	岩波書店「買切制」導入（文庫・新書は1941年から実施。商工省「雑誌用紙使用制限」強化す。
1940年 昭和15年	大政翼賛会設立。日独伊三国同盟結成。内閣情報部「新聞雑誌統制委員会」設置。
1941年 昭和16年	出版物の一元配給機関「日本出版配給」発足（資本金1000万円）太平洋戦争勃発。日本出版文化協会「出版用紙配給割当規定」を実施。
1942年 昭和17年	出版用紙全面統制のため「発行承認制」を実施。ミッドウェー海戦で空母4隻失う大打撃。ガダルカナル島戦況厳し。
1943年 昭和18年	「改造」掲載の細川論文を契機に戦前最大の出版弾圧「横浜事件」が起り、出版冬の時代となる。日配「書籍の全面買切制」実施。新統制団体「日本出版会」発足す。
1944年 昭和19年	日本出版配給、取次一元化のため、「日本出版配給統制株式会社（日配）」として新発足。
1945年 昭和20年	ポツダム宣言受諾。日本は無条件降伏。8月15日、出版界、壊滅状態のうち敗戦・終戦を迎える。出版社約300社。印刷業者罹災率：東京都66.5％、大阪府53％、全国業者の30.3％罹災。

出所：ノセ事務所調べ

昭和戦後の社会・文化史

■　敗戦の中から歩み続けた「夢と冒険の道」が拓いたもの…

　米よこせメーデーや竹の子生活で、戦後の日本は暗く、つらい、大変の一語であった。しかし「リンゴの唄」（並木路子）や古橋廣之進の400m自由形世界新、湯川秀樹ノーベル物理学賞受賞など、明るい話題もあった。

　本来は、戦後デモクラシーに助けられるはずであったが、戦勝国アメリカに順応な日本は対日講和条約、日米安全保障条約、破壊活動防止法（破防法）など、自由な発言を縛られることが多かった。昭和25年（1950年）に始まった朝鮮動乱は経済復興途上の日本には、"特需景気" をもたらした。

　経済、文化に落ち着きが見え「もはや戦後ではない」と、昭和31年（1956年）の『経済白書』が述べている。

　国連復帰は、昭和31年（1956年）であった。前年に、インドネシアでバンドン会議（アジア・アフリカ会議）が開かれ、アジア・アフリカの躍動が始まった。

　出版業界は、戦後、出版社が "雨後の竹の子" のように出来、昭和24年（1949年）には4581社になった。しかし昭和26年（1951年）には不況に見舞われ1881社になってしまった。その後、出版界も回復し、新書ブーム、週刊誌誕生ブーム、全集ブーム、百科事典時代を迎え、高度成長経済に預かった。この時代、出版人が注目すべきことは『チャタレイ夫人の恋人』の7年に亘る裁判の結果である。"わいせつ判決" を世界の文学者はどう感じたであろうか。

　戦後の出版界の労働争議は、印刷業界を巻き込む風潮があったが、昭和33年（1958年）に出版労協が出来、出版業独自の争議に変わっていった。後に出版労連に発展するが、労使双方に多くの産業的課題をかかえている。

　日販、東販の対応は対象的であった。「取次が力をもつ」ことは悪いことではないが、書店が抑圧されたり、中小出版社が不利益になったことは、なかったろうか。戦後は書高雑低時代26年間、1972年（昭和47）に書雑逆転、雑高書低が44年間と長い。デジタル時代になり、雑誌は凋落、現在に至っている。「東販＞日販」の時代が46年間あった。雑誌のトーハンの裏付けである。

　戦後直後の15年間は、出版界が急成長するための助走期間だったと思う。

表1　昭和20年（1945年）～昭和35年（1960年）までの社会・文化史

年	内容
1945年 昭和20年	ポツダム宣言受諾／東久邇宮内閣が発足、皇族の権威で軍の解体と秩序維持ができる／占領軍40万名の日本進駐が始まる／GHQ（連合国軍最高司令官総司令部）財閥解体を勧告。
1946年 昭和21年	米よこせメーデー、宮城（皇居）前に25万人集まる／東京裁判（極東国際軍事裁判）始まる。東条英機らA級戦犯28名出廷／『リーダーズダイジェスト日本語版』創刊／日本国憲法公布、言論・出版の自由保障される。翌5月3日に発効／リンゴの唄（並木路子）流行、世の中を明るくした。
1947年昭和22年	国民の"竹の子生活"続く、買い出し列車満員／「カストリ雑誌」大流行／日本初、社会主義者（片山哲）内閣誕生／世界新、水泳400m自由形で古橋廣之進、日本に希望の燈。
1948年昭和23年	国立国会図書館法公布、納本義務始まる／天才少女歌姫美空ひばり登場／日本初、小売全連（日本出版物小売業組合全国連合会）出来る／公職追放令を発令、出版関係者も追放される。
1949年 昭和24年	日販、東販、日教販、大阪屋、中央社できる／湯川秀樹博士ノーベル物理学賞受賞／ドッジ公使、日本経済批判し、インフレ抑止策指示／映画「青い山脈」大ヒット、女優杉葉子人気。
1950年 昭和25年	カストリ雑誌、エロ雑誌などの取締り強化／伊藤整訳・G.H.ローレンスの『チャタレイ夫人の恋人』（小山書店）わいせつ文書容疑で押収発禁／朝鮮戦争始まる／GHQレッドパージ始まる。
1951年 昭和26年	第二次文庫本ブーム起こる／対日講和条約、日米安保条約結ばれる。翌年4月28日発効／岩波書店『世界』10月号で講話問題特集／雑誌の都内定価、地方定価の二重定価始まる。
1952年 昭和27年	全集ブーム始まる／破壊活動防止法（破防法）出来る／雑誌『改造』消える／大衆誌『平凡』と『明星』競う。
1953年 昭和28年	出版労組懇談会（出版労懇）出来る／NHKテレビ本放送始まる／独占禁止法改正、出版物「適用除外」で再販制適用となる／日本出版クラブ発足
1954年 昭和29年	スターリン死去、3年後フルシチョフ批判す／伊藤絹子八頭身で、アメリカミスユニバースで3位入賞／新書ブーム起こる／第5福竜丸ビキニ海域で水爆実験による大量の放射性降下物"死の灰"を浴び被爆。
1955年昭和30年	月刊誌から週刊誌時代に／バンドン会議開かれる／家庭電化時代、テレビ、洗濯機、冷蔵庫"三種の神器"が売れる／悪書追放運動高まる。
1956年 昭和31年	『太陽の季節』芥川賞受賞、太陽族生む／日本雑誌協会（雑協）発足／日本、国連に加盟／『週刊新潮』ブームのきっかけとなる／
1957年 昭和32年	『チャタレイ夫人の恋人』最高裁で有罪確定す／日本書籍出版協会（書協）発足／日本教職員組合（日教組）、勤務評定反対闘争／出版倫理綱領制定。
1958年 昭和33年	皇太子（現上皇）結婚、皇太子妃、ミッチーブームで人気／ダイエー開店／日本出版労働組合協議会（出版労協）発足／ロカビリー旋風。
1959年 昭和34年	『少年サンデー』『少年マガジン』『週刊文春』『週刊現代』など花盛り／世紀のロイヤルウェディング／伊勢湾台風、39都道府県被害／ブルーバード発売、モータリゼーションの奔り。
1960年 昭和35年	『全国共通図書券』発売される／新・安保条約発足／全学連『新安保』反対闘争激化、樺美智子さん国会デモで死亡／日本経済好況13％アップ、出版界これに乗る。

出所：ノセ事務所調べ

コラム

出版流通の大崩壊と対応策

　出版業界の販売のピークは1996（平成8）年の2兆6563億円である。各取次の販売ピーク額を見ると、日販8157億円（1997年）、トーハン7972億円（1996年）、大阪屋1281億円（2008年）、栗田販売701億円（1991年）、太洋社486億円（2005年）日教販426億円（2001年）である。

　1991年に701億円の売上げのあった栗田販売は、2014年には329億円と半分以下となっている。栗田は全取次の中で経理非公開であった。10年間営業利益が黒字で、経常利益が赤字であった。2015年負債総額134億9600万円で倒産した。取引金融会社は倒産の被害は無かった。不透明な倒産であった。

　2016年大阪屋は栗田を経営統合した。2018年5月に臨時株主総会を行い、第三者割当増資をした。楽天が出資比率51％となり、経営権を取得した。社名は「楽天ブックスネットワーク」となった。それ以降5年近く経過するが、決算や営業、人事の詳細な報告は一切ない。会社は存在するが、取次の存在感は全くしない。多品種少量販売、不効率体質の出版界と、デジタル体質の楽天では異文化だったのか。異体質はマッチしなかったと感じざるを得ない。

　昭和、平成初期と順調に推移していた太洋社が、平成中期に不動産に手を染めたことから経営が一気に悪化し、2016年に崩壊した。平成中期の中堅取次の経営受難は、専門取次、地方取次にも及んだ。その最たる事件が鈴木書店の倒産であった。優良専門取次の評価を受けていたので、他の取次は指標を失った状態になった。中小・専門取次の街「神田村」の崩壊は当然であった。受難は全国に広がり中京、関西、九州の取次も総崩れであった（第4章を参照）。

　出版業界は戦後、「書高雑低」が1975年まで、30年間続いた。昭和51年に雑誌5434億円、書籍5200億円と売上げは逆転した。雑誌は多くの読者を店頭に呼び、書店も取次も潤った。ところが41年間続いた「雑高書低」時代は2016年に終焉した。原因は電子雑誌の登場であり、CVSの雑誌売上げ不振、若者の雑誌離れである。この不況ムードは取次を直撃した。さらに平成末期から始まったドライバー不足で、本が書店に届かない環境が現出した。取次の経費の1位は人件費ではない。経費の49〜50％は運送費である。追い打ちをかけるように燃料代の高騰が取次を悩ませた。日販。トーハンがこの苦難の対策に共同研究している様は、その深刻さを表している。

　日販は「取引構造改革」「サプライチェーン改革」を推進している。具体策として「PPIプレミアム」は出版社、書店のプラス策であった。トーハンは書店と出版社を結ぶ新刊流通プラットフォーム「エン・コンタクト」の運用を始めた。

昭和出版史探訪
―昭和初期から日配の解散まで―

この章の概要

　この章には1926年（昭和初年）から1949年（昭和24年）の出版激動史が収められている。昭和の幕開けは「円本ブーム」であった。改造社、新潮社による華々しい広告の打ち上げ花火によって、我も我もと全集の予約に走ったのである。改造社23万部、新潮社54万部、平凡社25万部と、三社だけで102万部になる。当時、日本は2000万世帯くらいであったから、その凄さがわかる。

　出版は好況であったが、経済環境は世界不況で最低であった。失業者も多くなり、その対応として出版界では廉価本の文庫が誕生した。岩波文庫、改造文庫、春陽堂文庫、新潮文庫と陸続と文庫が出現、不況を反映してプロリタリア文学も生まれたのである。

　一方、国際関係は満州事変、日中戦争と中国進出は進み、1933年（昭和8年）の国際連盟脱退によって、日本の国際的孤立は決定的なものとなった。出版は軍の横暴に蹂躙された。その手先となったのが内閣主導の日本出版会であった。日配が結成された。戦後、日配は解体され、東販、日販などが設立されたが、大手出版社中心主義は戦前同様に引き継がれた。

1.1 「円本」の始まりは改造社

■ 円本の誕生

1923年（大正12年）に発生した関東大震災は出版業界に大きな衝撃を与えた。改造社もその例に漏れない出版社であった。

新聞記者出身で代議士になった山本実彦社長は、出版経営においても一か八かの面があった。1919年（大正8年）に『中央公論』の向こうを張って『改造』を発刊させたが、返品増に悩み再建策に迫られていた。

1926年（大正15年）に浮上した案が『現代日本文学全集』の予約販売である。全集予約金一円を申込金として預かり、このお金は最終配本に充当する。

早速、広告活動が始まるが、その量が凄い。『朝日新聞』に見開き2ページ広告を皮切りに、発売日までに延べ9ページ分の紙上広告を展開した。予約者が23万人となり、23万円が転がり込んだことになった。

改造社が回復しただけでなく、空前の出版ブームとなり、作家には思わぬ印税が入り、印刷所も潤い、読者も安く名作が読めることになった。

円本とは、改造社が名付けたものではなかった。たまたま大阪、東京を走っていたタクシーが、市内はメーター制でなく一律1円であった。そのために円タクと呼ばれていた。これにあやかったのが1円で買える全集で、円本といわれた。

『現代日本文学全集』は全37巻、菊判上製、六号活字、ルビつき三段組、毎巻5、600ページ（単行本4、5冊分）定価1円という破格の本であった。

現在では、二段組の本さえお目にかかることはほとんどない。ましてや三段組みはめずらしいといえる。

第1回配本は『尾崎紅葉』、2回配本『樋口一葉』、『北村透谷』、3回『谷崎潤一郎』、4回『島崎藤村』、5回『国木田独歩』であった。当時の人気作家であったことがわかる。

発売前の内容見本には『坊ちゃん』の組み見本がついていたので、当初の第1回配本予定が『夏目漱石集』と思いきや『尾崎紅葉集』であった。当時の人気度、文壇力学によるものである。漱石は第二次の第1回に起用されている。

■ 各社「円本」にしのぎを削る

　改造社に刺激を受け各社円本を出し、その種類は250とも300全集ともいわれた。中でも部数の一番多かった全集は、新潮社の『世界文学全集』で54万部であった。翻訳文学出版社の誇りがあった。出版広告の中に、「我々は日本人であると同時に世界人である。海外文学は新潮社にお任せください」という一文まであった。その他の出版社では平凡社『現代大衆文学全集』（全60巻）、予約会員25万人と売れた。大衆ものを得意としていた平凡社としては当然なことだったかもしれない。その他の出版社の主なものは次のとおりである。

　春秋社『世界大思想全集』79巻1927年〜1933年10万部、春陽堂『明治大正文学全集』60巻1927年〜1932年15万部、第一書房『近代劇全集』44巻1927年〜1930年（部数不詳）、アルス『日本児童文庫』76巻1927年〜1930年30万部、興文社『小学生全集』88巻1927年〜1929年30万部などである。

　価格の例外は『日本児童文庫』50銭と『小学生全集』35銭で、両者は似た趣向で、その宣伝合戦は泥試合であった。1927年（昭和2年）に始まった円本ブームも3年後の1930年には鎮静化した。その後が大変である。返品の山をどうするのか、業界の大問題であった。

コラム

円本の再来

　円本はタクシーの円タクとともに、昭和初期における出版文化の象徴であった。甘い蜜を吸った出版社の筆頭は改造社、新潮社、平凡社の三社であった。もちろん他の出版社も潤ったが、最も潤ったのは文学全集に収録された作家たちであった。降って沸いた印税収入は全く予期せぬ臨時収入であった。第二次大戦後、昭和初期の円本時代の再来の時期があった。

　1952年（昭和27年）11月から角川書店の『昭和文学全集』、新潮社の『現代世界文学全集』が刊行された。翌53年からは全集合戦の口火が切られた。口火を切ったのは、筑摩書房の『現代日本文学全集』であった。現在でも売れ、文学全集の金字塔となった。

1.2　円本ブーム　1927年〜29年

■ 円本の発展

　円本ブームのスタートは、1926年（大正15年）改造社が『現代日本文学全集』を一冊1円の予約販売を発表したときである。一般的には昭和初期が円本出版の初動と思われがちであるが、実際には1925年（大正14年）に始動しているといえる。当時の出版活動を見てみよう。

　アルスは、講座を6点発刊している。中身は芸術10巻、西洋音楽8巻、建築、文化、運動講座各12巻、子規全集15巻を出版し、予約募集している。

　新潮社は、『現代小説全集』15巻、『日本文学講座』18巻、『社会問題講座』12巻の三全集を発刊している。

　春陽堂は、『シェークスピア選集』12巻、『圓朝全集』12巻を発刊していた。

　大正が終わり昭和に入り本格的に円本ブームが始まった。主役が改造社『現代日本文学全集』、新潮社『世界文学全集』であることは周知のとおりである。

　この時代の業界特色に二つの点がある。その一つは円本対象以外に、多くの全集、講座が発行されていたこと、その二は販売手法が1冊1円という超廉価であったこと。そしてさらに、一括支払いの読者に対しては10%〜15%のディスカウントをしていた。このことは意外に知られていない二重割引販売制度が存在していたのである。

　円本ブーム・全集ラッシュを年度別に見てみよう。

　1927年（昭和2年）には、41全集が発刊されていた。改造社、新潮社、第一書房、春秋社、平凡社、春陽堂、興文社、アルスの各社全集は出揃っている。

　1928年には、改造社6全集、平凡社、新潮社、アルスは各2全集、春陽堂、春秋社は各1全集を発刊し、ブームを煽っている。

　1929年も勢いは止まらず、改造社、平凡社は各9全集、春陽堂5全集、新潮社3全集、アルス、春秋社各1全集発刊と活発に全集、講座を出し続けた。

　円本全集の出現は、従来、書物に親しむチャンスの少なかった一般の人に対して、書物を他の日用品同様、生活必需品として買い求める習慣を作った。廉価という購買心理に釣られて7〜8全集を申し込んだ読者もいたという。翌年

には家の中に置き場所もないという笑えぬ事態も起こっていた。功罪の多い円本ブームであった。

■　円本ブームの影響
　出版業界に及ぼした結果と影響を見てみよう。
1.　多くの雑誌の定価引下げが行われた。
　　例：改造80銭→50銭に、『新潮』『苦楽』『文藝倶楽部』『講談雑誌』『中央美術』が値下げ
2.　単行本、参考書類の売れ行きが低下した。
3.　古本の価格が下落した。
4.　製紙、印刷、製本、販売、広告業者が潤った。最も潤った人は、突然、支払われた印税収入のあった作家である。
　この円本全集は予約募集で販売されたので、読者に選択の自由がなかった。真の廉価出版物と言えるか問題の残るところであった。
　1927年（昭和2年）下半期に発売された単価20銭の『岩波文庫』は、円本全集に抗するに十分であった。

コラム

円本の反動

　円本は、単行本が4、5冊分ある書籍が1円であったから、実質廉価であったことは間違いない。しかし当時の1円は現在の2000円程度に相当するから、決して安い買い物ではなかった。折りしも世界不況で就職難、失業者続出の社会情勢であった。
　岩波文庫は100ページ20銭と庶民価格で発売された。大衆から支持されたのは当然である。円本ブームの立役者、改造社、新潮社が追随したことも面白い現象であった。円本ブームの急凋落に比べ、文庫ブームは息が長かった。

1.3　円本ブームの中で生まれた文庫ブーム

■　円本ブームその後

　円本ブームが出版界に与えた影響は大きかった。円本といっても今の値段にすれば2000円ぐらいで、安くはなかった。そこで生まれたのが『岩波文庫』である。1927年（昭和2年）7月に発刊されている。

　三木清が『岩波文庫』発刊に際して書いた「読書子に寄す」に当時のことが書かれている。この文章は今でも『岩波文庫』の最終ページで読むことはできる。有名な文章なので、引用してみよう。

　　『真理は万人によって求められることを自ら欲し、藝術は万人によって愛されることを自ら望む。…今や知識と美とを特権階級の独占より奪い返すことはつねに進取的なる民衆の切実なる要求である。岩波文庫はこの要求に応じそれに励まされて生まれた。…近時大量生産予約出版の流行を見る。その広告宣伝の狂態はしばらくおくも、後代にのこすと誇称する全集がその編集に万全の用意をなしたるか。千古の典籍の翻訳企図に敬虔の態度を欠かざりしか。さらに分売を許さず読者を繋縛して数十冊を強うるがごとき、はたしてその揚言する学芸解放のゆえなりや。…』

と円本ブームを激しく批判している。『岩波文庫』は100ページを星一つ20銭単位の累進方式の定価設定をした。文庫は当時の読者層に大きな反響と支持を獲得し、文庫本ブームを作った。こうして1929年（昭和4年）に『改造文庫』、1931年『春陽堂文庫』、1933年『新潮文庫』が発刊された。このブームに乗るかのごとく陸軍省が『つはもの文庫』を発表し、1934年（昭和9年）には『美談皇軍の精華』を発刊している。

　円本ブームは大量広告、大量生産、販売競争、そして大量返本、出版社倒産の結末となった。改造社は発刊までに新聞9ページ以上の広告をした。

　新潮社の『世界文学全集』も予約締切までに『東京朝日新聞』だけでも1ペー

ジ5回他、改造社同様9ページ分の大広告を打った。

　平凡社の『現代大衆文学全集』は日本、世界文学全集に次ぐ、円本大当たりであった。広告も新潮社顔負けの大宣伝であった。

　新聞広告で相手出版社を誹謗し、莫大な広告料で共倒れになった出版社もある。それはアルス社版の『日本児童文庫』(北原白秋編集)と興文社版の『小学生全集』(菊池寛、芥川龍之介編集)の激突は激しく、社会的にも問題視された。そしてアルスは借金で倒産、興文社も消えた。円本ブームは、3年後の1930年(昭和5年)には鎮静化し、翌年からは大量返品の時代になった。

　『現代日本文学全集』(改造社)30万部を河野書店が一冊12銭で引き取った。同書店は『大衆文学全集』(平凡社)を13銭で引き取っている。円本が銭本という憂き目になったのである。

　円本ラッシュに乗り遅れた出版社に中央公論社があった。しかし単行本で『西部戦線異状なし』(エリヒ・マリア・レマルク著、秦豊吉訳)が20万部売れ、大ベストセラーとなった。この他では小林多喜二『蟹工船』、徳永直『太陽のない街』が戦旗社から発刊されベストセラーとなりプロレタリア文学が注目された。1930年(昭和5年)に起こった世界大恐慌により世界パニックが起こり、おびただしい失業者を生み、この社会現象がプロレタリア文学の後押しをした。

■　ブームの終焉

　1927年(昭和2年)から3年間続いた円本ブームも1930年には終焉を告げた。そのきっかけになったのは1930年に起こった大恐慌である。しかし全集、講座、叢書の発刊点数は止まっていない。年度別にみると1927年41点、1928年53点、1929年113点、1930年96点、1931年108点、1932年78点、1933年91点と円本ブーム終焉後も全集類の発刊は続いていた。

　1930年は平凡社が16点と特段に多い。しかも出版内容が円本ブームを追随するものではなく、変化が見られる。書道全集、萬花図鑑、囲碁大衆講座、花鳥写真図鑑、川柳漫画全集、生命の科学など、文学全集を離れ、実用生活書へのシフトが見られる。

　この傾向はアルスに顕著に出ている。すなわち、『機械工学大講座』『電気大講座』『ファーブル昆虫記』『自動車大講座』『最新科学図鑑』など、アルスの性格を明確に主張している。

1.4　全集過多──1930年〜33年

■　慢性円本病が残したもの

　円本ブームは3年間と短かった。後に残ったのは返本の山、処理であった。と同時に恐慌によって世相が変化した。そのために新タイプの出版物が出た。プロレタリア出版物である。

　1929年（昭和4年）『日本プロレタリア作家叢書』（戦旗社）、1930年『幸徳秋水遺文全集』6巻、『失業問題研究資料』8巻が解放社から出版されている。1931年『社会科学選集』12巻（解放社）、同年『レーニン全集』24巻（希望閣）、『綜合プロレタリア藝術講座』10巻（内外社）、1932年『年刊・日本プロレタリア創作集』がプロレタリア作家同盟から発刊されている。単行本では小林多喜二『蟹工船』、徳永直『太陽のない街』が戦旗社から発刊され、大ベストセラーとなりプロレタリア文学が注目された。1930（昭和5年）に起こった世界大恐慌により世界パニックが起こり、おびただしい失業者を生み、この社会現象がプロレタリア文学の後押しをした。

　一方、出版不況を救う出版として猟奇出版、風俗、犯罪、探険ものが多く出版された。1930年『世界猟奇全集』12巻（平凡社）、『世界探険全集』12巻（萬里閣）、『世界犯罪叢書』10巻（天人社）、1931年『世界裸体美術全集』6巻（平凡社）、『日本裸体美術全集』6巻（高見澤木版社）、『花街風俗叢書』10巻（大鳳閣）、『世界性愛猟奇全集』6巻（山東社）、『世界風俗画全集』12巻（忠誠堂）などである。時代の変化と共に出版内容の変化が伺える。

　円本ブーム・全集時代に特筆すべきことは1931年（昭和6年）に発刊された平凡社の『大百科事典』全24巻である。1934年1月に完了しているが、4万セットも売れた。平凡社は、円本では『現代大衆文学全集』（全60巻）が25万と大当たりをした。ブーム後 " 百科事典の平凡社 " と定冠詞となったこの企画は大ヒットであり、以後1961年（昭和36年）まで30年間売れ続け、平凡社の歴史を作った。1927年〜1933年の円本・全集時代の発行点数の多い版元だけ拾うと以下のとおり。

　平凡社40点、改造社34点、岩波書店33点、春陽堂19点、新潮社、雄山閣

各16点、春秋社、誠文堂各15点、アルス12点、博文館、共立社各10点であった。

　岩波書店の出版活動は昭和期に入って活発であった。円本ブームに抗して発刊した『岩波文庫』(1927年) は早くから有名である。さらに1933年『岩波全書』、1938年『岩波新書』を創刊している。岩波書店の昭和初期1933年までの出版は『マルクス・資本論』『芥川龍之介全集』1927年、『漱石全集』1928年、『グリム童話集』『哲学叢書』『物理学及化学』『左千代歌論集』『トルストイ全集』『赤彦全集』『露伴全集』以上1929年発刊、『ファーブル昆蟲記』『生物学』『深田康算全集』『左右田喜一郎全集』『高等数学叢書』『経済学辞典』以上1930年発刊、『地理学』『地質学及古生物学』『校本万葉集』『日本文学』『物理学及化学』『ヘーゲル全集』『教育科学』『哲学』『東洋藝術史講座』などは1931年の発行、『内村鑑三全集』『日本資本主義発達史講座』『生物学、数学、世界文学』は1932年、『続福沢諭吉全集』『日本歴史』1933年発刊と出版の王道を歩いていた。

　円本ブームの主役・改造社を総合雑誌でリードしていた中央公論社は円本ブームでは乗り遅れた出版社の代表であった。中央公論社は1927年〜1933年の間に全集は『堺利彦全集』6巻の他わずか5点だけであった。しかしブームに乗り遅れを挽回したのが単行本の『西部戦線異状なし』(エリヒ・マリア・レマルク著、秦豊吉訳)で、20万部売れ、ベストセラーとなった。

　昭和初期円本ブーム時代に活発であった出版社を見ると、春陽堂、雄山閣、春秋社、誠文堂、博文館、共立社などがある。

　春陽堂は円本ブームでは『明治大正文学全集60巻』『日本戯曲全集68巻』『探偵小説全集24巻』などでブームの一端を担っていた。雄山閣は『東洋史講座15巻』『異説日本史24巻』『日本刀講座24巻』など専門性が強かった。

　春秋社は現在も活躍する名門出版社である。『世界大思想54巻』と『音楽全集・各種』の発刊で人気と特色があった。

　誠文堂は現在の誠文堂新光社の前身である。創業者小川菊松が1935年 (昭和10年) に誠文堂と新光社を合併させた。第二次大戦後、社が全盛の時には雑誌『無線と実験』『子供の科学』『農耕と園芸』など16誌発刊し有名であった。1935年に二社が合併して以降『世界地理風俗大系』『萬有科学大系』『世界文化史大系』などで社名をあげている。博文館は出版界の源流である。円本ブーム最盛期にかけて叢書類を発刊し、時流に抗じたが昔の勢いはなかった。女性実用書の全集、講座、叢書の発刊では『婦人之友社』の独壇場であった。

1.5 円本ブームの悲哀と1935年代

■ 円本ブームの果てに

　昭和は幕開けから金融恐慌という暗い影があった。この影は国内、外にも拡大していった。こうした社会情勢を背景にしている出版界であったが、改造社社長山本実彦の一か八かの賭けで、3年弱潤ったのである。

　円本ブームという、今日にも名を残す一大出版ショーが行われたといえる。本を売ったというより、広告で売れたといった方がよい。その販売方式は大量広告、大量生産、販売競争であった。中でも改造社、新潮社、平凡社の新聞広告の派手さは、過去にその例をみないものであった。改造社は『現代日本文学全集』発刊までに新聞9ページ以上の広告をした。

　新潮社の『世界文学全集』も予約締め切りまでに『東京朝日新聞』だけでも1ページ広告5回他、改造社同様9ページ分の大広告を打った。平凡社は『現代大衆文学全集』は新潮社顔負けの大宣伝をした。上記三社の目玉全集は25万部、58万部、25万部と想像を上回る予約読者を獲得した。この販売方式には予約前受金という、出版社にとっては有難いことであった。読者がこの予約方式に飛び付いたのは、一冊7、8円してもおかしくないページ数、内容、造本の書籍が1円で買えるという廉価魔術に魅せられたからである。この出版一大ショーを他の出版社が見逃すはずがなく、乱売合戦に拍車を掛けたのである。

　1927年〜1930年の間に発刊された全集は301点である。ブームの対象になった全集が250〜300点とよく言われているが、筆者はこの数字は多過ぎると思う。この期間の全集、講座の中身を見ていただけばわかるとおり、専門的な全集、個人全集があり、円本で売られるはずがないからである。

　広告合戦は円本ブームのベースであった。その新聞広告で醜い応酬合戦もあった。それはアルス版の『日本児童文庫』（北原白秋編集）と興文社版の『小学生全集』（菊池寛、芥川龍之介編集）の激突である。新聞広告で相手出版社を誹謗し、莫大な広告料で共倒れした。アルスは借金で倒産、興文社も消えた。

　大量広告、大量生産に支えられていた円本ブームの寿命は意外に短かった。すでに1928年（昭和3年）10月には全集販売に行き詰まり、取次業者が3％正

味引き下げを交渉している。しかし交渉は成立せず、個々折衝になった。個々取引の結果、平凡社が85％を83％に引き下げ、結局、各社は平凡社に倣った。

1931年（昭和6年）からは大量返品の時代になった。『現代日本文学全集』（改造社）30万部を河野書店が一冊12銭で引き取った。同書店は大衆文学全集（平凡社）を13銭で引き取っている。円本が銭本という憂き目になったのである。

爆発的な注文で潤ったのは印刷業界であったが、1929年5月には設備過剰で資金難に陥った印刷所が続出した。その救済のため、協議機関として凸版印刷、秀英舎、日清印刷、共同印刷の4社で「皐月会」を設立している。1930年12月には東京、大阪印刷同業組合は職工賃金を10％〜20％引き下げを決議している。

製本業界は円本ブームの反動で収益が激減したので、1930年2月に東京製本同業組合は営業収益税の減額について、各税務署に陳情している。製紙業界では日本製紙連合会が各社一律の35％操短を指示している。期間は1930年11月から2年間である。

その当時の社会、政治面を時代順に見てみよう。1928年共産党員大量検挙、関東軍、張作霖を暗殺。1931年満州事変起こる。1932年「5・15事件」、1933年国際連盟脱退、1935年美濃部達吉の著書禁止、1936年「2・26事件」、1937年日中戦争始まる、1938年国家総動員法成立、1940年政党ことごとく解消、大政翼賛会誕生、1941年第二次世界大戦始まる、米の配給制度、衣料切符制度始まる…と日本は国際的に孤立し、国内では軍の意志が濃厚となり、思想弾圧が強くなった。

出版業界の面では1935年（昭和10年）1月に文藝春秋が芥川賞、直木賞を設定、第一回芥川賞は石川達三『蒼氓』、直木賞は川口松太郎『鶴八鶴次郎』が受賞した。同年に全国書籍雑誌商組合（組合員1万4884名）の大阪大会で正味引下げ、新加入者の制限、買切制度が論議されている。

1940年（昭和15年）に発足した『日本出版文化協会』（文協）によって出版新体制が始まった。この文協は内務省と出版懇話会の間に出来た団体である。この年に内務省は左翼的出版物の一掃をしている。すなわち岩波、日本評論社、平凡社、他30余社の130余点を発禁処分している。同年に内閣情報局が発足し、出版物の一元的配給機関の確立を推進すべく、日本出版配給株式会社（日配・社長江草重忠）設立を準備した。

1.6　日配誕生から終戦まで

■　国策会社「日配」の誕生

　1941年（昭和16年）2月には、取次のトップを走っていた東京堂は取次業務を廃止し、出版と小売を専業とした（社長・大野孫平）。東京の七大取次（東京堂、東海堂、北隆館、大東館、栗田書店、上田屋、大阪屋号）の他、全国235店の取次が日配に統合された。日配の誕生に当って反対の動きはなかった。それは旧各取次が雇用確保を願っていたからである。

　1941年5月に日本出版配給株式会社（日配）が発足した。太平洋戦争が始まる半年前である。政府が出版物の一元的配給の統制機関として作った国策会社であった。全国の242の取次業者が統合されて日配はできた。

　創立資本金1000万円は元取次の東京堂、東海堂、北隆館、大東館の他栗田や中取次、主要出版社が分担した。中小出版社や書店には割り当てはなかった。この資本構成は戦後、日配が解体され、東販（東京出版販売）、日販（日本出版販売）が誕生した時も同様に大手出版社主義は継続された。

　日配の新体制として実施したことは、書籍と雑誌の一元化流通である。これまで四大取次は雑誌中心の流通であったが、内閣情報局はその姿勢を許さず、総合流通体制を指示したのである。次に日配がやったことは取引条件の整備、一本化である。従来の取次正味が1〜3％であったものを7％にした。この時期までに満州、朝鮮、台湾に日配は出来ていた。1942年8月に日配上海出張所ができた。当時、国策だった「大東亜共栄圏」確立のための布石である。

　出版統制の動きは強化され、雑誌の整理統合が進んだ。日配が発足したその年の暮れに実施された。具体的に見てみると婦人誌54誌→16誌、教育誌154誌→29誌、音楽誌17誌→8誌、美術誌43誌→10誌、工芸誌9誌→3誌、文芸誌97誌→8誌、受験誌29誌→14誌、児童誌35誌→25誌の合計438誌が113誌に統合された。

　1943年日本出版文化協会（文協）は日本出版会に改組され、出版統制機構は一層強化された。新刊書の買切制が実施された。1944年7月には中央公論社、改造社に対し「営業方針に時局下、国民の思想善導上許しがたい事実がある」

として自発的に廃業させた。

　同年11月には横浜事件が起こっている。編集者の締め上げである。当時、「出版社を潰すには刃物はいらぬ」といわれた。気に食わない出版社には、紙の配給を行わなかったのである。反面、日本出版会は優良出版物の奨励をし、軍国主義を鼓舞する出版社には紙の割り当てを優先した。

　1944年当時3743社以上あった出版社は203社に整理された。出版社のみならず小売書店の統合廃業は、自主的統合から強制的統合になっていた。

　新刊発行点数を1926年（昭和元年）～1955年（昭和30年）までを示すと**表1.1**のとおりである。

　戦争終了年の1945年（昭和20年）は878点と極端に少ない。戦争末期の1944年から終戦の45年に掛けては、出版どころではなかったことがわかる。1945年の878点を月別に見ると、5月21日～6月20日までは43点、6月21日～7月20日までは42点、8月は470点　9月～12月までは53点である。

　戦後4ケ月の出版点数は、この年の86％に相当する。戦時下出版が抑圧されていたことがよくわかる。戦後の出版爆発の一端を見る思いがする。

　空襲による印刷所、製本所の焼失、輸送の混乱などにより、出版活動はほとんど壊滅状態であった。1945年（昭和20年）1月号の雑誌から、41誌以外は1色刷り、400ページ以下の出版物は無裁断、4度折以内の本は無綴、32ページ以下の本の表紙は本文共紙となり、戦時型出版生産が強化されたのである。

表1.1　1926年から1955年までに新刊点数の推移

年　度	新刊点数	年　度	新刊点数	年　度	新刊点数
1926年	20,213	1936年	14,941	1946年	3,466
1927年	19,967	1937年	30,732	1947年	14,664
1928年	19,880	1938年	29,466	1948年	26,063
1929年	21,111	1939年	28,054	1949年	20,523
1930年	22,476	1940年	26,279	1950年	13,009
1931年	23,110	1941年	28,099	1951年	15,536
1932年	22,104	1942年	24,211	1952年	17,306
1933年	24,025	1943年	17,818	1953年	10,100
1934年	26,331	1944年	5,438	1954年	11,004
1935年	30,347	1945年	878	1955年	13,042

出所：日本出版百年史年表（日本書籍出版協会、1968年刊）

1.7　日配解散から東販・日販誕生まで

■　新取次の誕生

　1945年（昭和20年）終戦時の出版社は300社、小売書店数は3000店であった。1945年9月に日本出版会は解散し、10月に日本出版協会が創立された。会員社は566社であった。1946年（昭和21年）1月民主主義出版同志会が出版界粛清を提唱し、戦争協力出版社として講談社、主婦之友社、旺文社、家の光、山海堂、第一公論社、日本社の7社を日本出版協会から除名した。4月には日本出版協会を脱退した21社が、日本自由出版協会（大橋進一会長）を設立した。つまり戦後の出版社の団体は日本出協と自由出協に二分されたのである。

　日配は1946年に社名を日本出版配給統制株式会社から、統制をとり日本出版配給株式会社（日配）と改称された。そして1948年に日配は過度経済力集中排除法の指定を受け、1949年3月閉鎖機関に指定された。9月に東販、日販、中央社、日教販、大阪屋の他、札幌、名古屋、京都、福岡にも取次が誕生した。日配従業員2452名の新取次会社への就職状況は東販551名、日販530名、中央社289名、日教販182名、大阪屋185名　計1737名であった。残り715名は出版社転向か退職であった。

　戦後すぐGHQは用紙配給統制排除の覚書を発表し、用紙の配給機構を政府の用紙割当委員会に移した。政府の検閲制度も廃止された。日書連の前身小売全連も1945年に創立されている。戦後は食うや食わずで、生きることに精一杯なのが日本人であった。読書や出版は眼中に無かった時代といっても過言ではない。しかし戦時中、軍や政府に弾圧、統制されていた学者、思想家、知識人にとっては、安心して発言、発表、著作できる時代が来たという思いであった。多くの出版人は戦争に狩り出された。終戦によって無事復員できた編集者たち、国内に蟄居していた著者たちが出版社復活に走ったのは当然である。出版社数をみれば出版社再興の爆発的なエネルギーがわかる。すなち1946年の出版社は4000社を超えた。1948年には史上最高の4581社を記録した。しかし長くは続かず1949年末には戦後創業出版社の倒産、休業が急増した。

　戦後すぐのベストセラーは誠文堂新光社発行『日米会話手帖』で、360万部

売れた。単行本では鱒書房、森正蔵著『旋風二十年』であった。戦後も相変わらず紙不足であった。雑誌はA5判64ページ、B5判32〜48ページと制約された。一方、仙花紙に印刷されたカストリ雑誌が横行したのもこの頃である。1948年には小売書店の復活・開業が多く、日配取引小売書店数は7080店だった（東京669、北海道586、大阪214、名古屋113、京都110）。

　1949年以降、新取次が出来てからの活動をみると、日販の積極性が目につく。1950年に日本図書館協会と提携し、良書普及運動を開始している。弘報紙『日販通信』を同年創刊している。この年大阪、北海道、京都、名古屋、九州に出張所を開設している。

　1950年10月には工学書協会と特約店制度を実施している。1952年には児童出協、日本出版協会共催で児童図書出版今昔展を開催している。同年8月に日販共済会を発足させている。かつて言われた言葉に「雑誌の東販、書籍の日販」がある。日配解体後、東日販成立時の対出版社関係によるからであろう。大手雑誌出版社をバックにした東販、工学書協会、児童出協など書籍中心系に支援された日販である。しかし大局的には、日配時代の独占的配給機構はそのまま東販、日販に引き継がれたのである。全取引量の60％以上がスタート時からこの両取次に集中したのである。1887年（明治20年）〜終戦まで取次の主役目は雑誌流通であった。日配解体後、新取次になってもこの主軸は変わらなかった。トーハンの上位が1997年まで続いたのは、この流れであったからである。

　戦後すぐ出来た小売全連（日本出版物小売業組合全国連合会：日書連の前身）の結成当初の活動は、正味引下げ交渉と荷造・運賃撤廃運動であった。1950年『岩波文庫』正味引下げで、2％下がり81掛となった。同年、逆に『主婦之友』『婦人倶楽部』『婦人生活』の三誌について正味1％引上げを東販、日販から発表された。小売全連は東販、日販に対し善処を強硬に要求したが受け入れられなかった。のみならず『主婦之友』は翌年からさらに1％の引上げを行った。当時の婦人誌の鼻息、迎合する取次の姿勢がよくわかる。1951年に小売全連は出版業界合理化促進の根本的方策を協議し、正味の引下げ、新規取引の調整の要綱を決定した。

　1953年小売全連は出版取次懇話会と運賃・荷造費の負担に関連する問題を協議した結果、従来の諸掛り2.7％を廃し、荷造費1％・運賃実費計算制を確保した。今日に至るまで、正味問題、返品入帳問題など、継続して交渉している。

1.8　委託制度の変遷と取引条件

■　委託制度の変遷と取引条件

　1908年（明治41）12月、書籍の委託販売制度が始まった。従来、買切制度が主であったが、大学館が東京市内の小売書店に3〜5部を委託とし、月に1〜2度回って売れたものの代金を受取り、また補充する方法をとったことが委託の始まりといわれる。

　雑誌は翌1909年（明治42）1月に実業之日本社が『婦人世界』新年号から委託販売制度扱いにして成功したことが始まりとされている。上記2社の決断で始まった委託制度は返品制度の始まりでもあった。

　以来、委託制度は出版業界に定着した。書籍の場合、新刊委託、長期委託などがあり、委託期間や取引条件はいろいろであるが、出版物の大量生産、大量販売はこの委託販売制度、返品制度が大きく影響している。

　この制度が本格化したのは大正時代に入ってからである。大正デモクラシーの時代は雑誌花盛り時代であった。明治末期に続いて大正期に入り、『婦人公論』『主婦之友』『婦人倶楽部』が生まれ、『文藝春秋』『ダイヤモンド』『小学館学年誌』、さらに週刊誌『週刊朝日』『サンデー毎日』が創刊されている。こうして大量販売雑誌が生まれ、昭和になって講談社の九大雑誌黄金時代を迎えた。

　委託制度は大量販売を生んだが、1997年から出版界の下降現象が始まってから、読者の需要を上回る出版点数、生産過剰が目立つようになった。つまり委託制度の負の部分が顕著になった。返品率が雑誌では20%→30%台に、書籍は30%→40%台に急上昇した。過剰生産、過剰送品、過剰返品に警鐘がならされるのは当然である。責任販売制の導入、買切制度が見直されるようになった。委託から生まれた返品を自らの手で改善することは当事者の責務である。リスクに挑戦する勇気を応援したい。

■現在の委託販売制度の基本と取引条件

　現在の委託販売制度は「返品条件付きで、一定の期間内、取次・書店に委託して販売する制度」をいい、これに買切制や注文制が併用されている（**表1.2**）。

表1.2 委託制度と取引条件

		出版社⇔取次		取次⇔書店	
		委託期間	精算期日	委託期間	精算期日
書籍新刊（重版）		6ヵ月間	6ヵ月目 （条件支払）	3ヵ月半 （105日間）	翌月請求
雑誌委託	月刊誌	3ヵ月間	3ヵ月目	2ヵ月間（60日）	翌月請求
	週刊誌	2ヵ月間	2ヵ月目	45日間	翌月請求
長期委託		例：7ヵ月間	9ヵ月目	6ヵ月間	8ヵ月目
		8ヵ月目に請求		7ヵ月目に請求	
常備寄託 （一年以上）		例：13ヵ月間	15ヵ月目	12ヵ月間	14ヵ月目
		14ヵ月目に請求		13ヵ月目に請求	
買切・注文		一番近い 締切日 （10日又は25日）	翌月15日 又は月末 （平均42.5日）	月末又は15日 締切り （取次会社ごと）	翌月の月末 又は15日
延勘 （買切扱い）		例：3ヵ月延勘	4ヵ月目	3ヵ月間延勘	4ヵ月目
		3ヵ月目に請求		3ヵ月目に請求	

出所：日本書籍出版協会『出版営業入門〈改訂版〉』

(1) 取引の基本は「委託販売」であるが、書店に対する請求は、実際には、翌月から発生する。

(2) 委託品の「条件支払い」とは、精算期日を待たずに、取次から出版社に支払われる仮支払のことをいう。この仮支払いが、出版社のつなぎ資金となるため、新刊点数の増大の一要因になるとの批判がある。

(3) 買切制の締切日は、原則「翌月請求」となる。委託品以外の商品、注文品・店頭補充品も買切品扱い（「返品条件付き買切」という奇妙な習慣もある）。繰延勘定（延勘）とは、支払いを繰り延べ支払いにする制度である。

(4) 取引の基本となる出版社ごとの取引正味は、出版社と取次間の契約で決まる。一般に取次の基本マージンは、8％である。
今、定価『1000円』の本の取引を想定すると、出版社の出し正味が70％であれば、それが取次の仕入れ正味となり、それに8％を加えた78％が取次の出し正味となる。その商品を書店が78％で仕入れ、消費税を加えた定価で読者に販売することになる。

(5) 取次の仕入れ正味62％の低正味は地図帳などに適用され、仕入れ正味80％の高正味は医学書など一部の出版社に適用される。文庫は一般に68％が適用される。また、新規取引の場合は、68〜69％で「委託送品歩戻し5％、客注品20〜30％の6ヵ月間支払い保留」など低い取引条件となる。

(6) 定価別段階正味を適用する場合は、780円以下で69→77％、780〜1700円以内は70→78％、1700〜4200円以内は71→79％、4200円以上で73→81％となる。

コラム

明治・大正時代の取次

　出版社と小売書店の中間にあって、書籍・雑誌などの出版物を出版社から仕入れ、小売書店に卸売りする会社を取次と呼んだ。他の業種の問屋に相当するが、卸す機能より取次ぐ機能が強いため、出版界では問屋と呼ばず取次と呼ぶようになった。

　明治の初期は出版社が同時に小売書店であったので、取次の介在する余地はなかった。雑誌と書籍が普及するにつれ、卸と小売が分化した。明治時代の取次の嚆矢は良明堂である。1978年（明治11年）に雑誌、書籍の元売捌業として創業している。1986年（明治19年）に東海堂、88年に上田屋、91年に東京堂と北国組出張所（のちの北隆館）が創業している。

　大正時代に入り、定価販売の実施、委託販売制の実施などにより、出版社と小売書店の役割が明確になった。大正デモクラシー全盛の大正時代は雑誌花盛りであった。言論界をリードしたのは『中央公論』と『改造』であった。婦人雑誌は明治時代から引き続き花盛りであった。大正期に入り、『婦人公論』『主婦之友』『婦人倶楽部』と発刊が続き、現在も存続する『文藝春秋』『ダイヤモンド』『週刊朝日』『サンデー毎日』は大正期発刊の雑誌である。

　雑誌が取次のメイン商品となったのである。大正時代、雑誌・書籍を扱う取次を大取次、書籍を地方まで取次ぐ取次を中取次、市内の小売書店を主に取次ぐ取次を小取次と分類して呼称していた。大正期活躍した取次は、東京堂、北隆館、東海堂、上田屋、至誠堂であった。1925年（大正14年）には上田屋と至誠堂が合併して大東館ができた。

　昭和期、日配が出来るまでの期間は、東京堂、北隆館、東海堂、大東館の四大取次によって、日本の出版界は支えられたのである。東京と地方の出版の格差の少なかったことは上記取次の恩恵によるものと言っても過言ではない。1941年（昭和16年）5月、出版物の一元的配給機関、日本出版配給株式会社（日配）が国策によって作られた。この時強制的に解散、統合された取次が四大取次と全国238の小取次だったのである。

　因みに現在、取次の団体である日本取次協会（取協）加盟の取次会社は28社（2012年現在）である。トーハン、日販、大阪屋、栗田、日教販、中央社、太洋社、協和を八大取次と呼んでいる。なお、現在は取次という名称を使わずに、販売会社に変更している。

第2章

昭和出版今昔物語
─激動の昭和にタイムトラベル─

この章の概要

　昭和が終わりすでに平成も25年となった。「昭和も遠くなりにけり」を書いたのが第2章である。昭和の63年間（1926年〜88年）は、貧しい時代から、60年代の高度経済成長を経て、バブル期の入口までを経験した。

　戦後復興の時、新取次が誕生した。50年代のテレビの普及は出版界に多くの影響を与えた。週刊誌ブームが起こり、出版界は次から次へと起こる出版ブームに沸いたのである。

　目まぐるしい経済、社会背景をバックに出版業界の発展も目覚しかった。出版社は本を作れば売れ、書店は出店すれば新しい売上げが伸びた時代である。

　他業界から書店業界に参入する企業が続出した。書店も大型化、チェーン化が進んだ。郊外型書店もでき、書店革命は進んだ。一方、困窮してきた書店の悲痛な叫びは書店ストとなって世の中を驚かせた。

　まだアマゾンもネットも無い時代であった。しかし出版業界の横断的な一元化の機運が起こっていた。出版VAN前夜の昭和だったのである。第2章は出版、書店、取次の努力史と見ていただきたい。

2.1 『日米会話手帖』はなぜ売れたのか

■ 玉音放送とともに生まれた『日米会話手帖』

　1945年（昭和20年）8月といったら、都内は焼け野原であった。駿河台から東京駅が見えるくらいに焼き尽くされていた。そうした廃墟の東京で、戦後初めて企画され、発行された第一号が『日米会話手帖』であり、大ベストセラーとなった。

　『日米会話手帖』を発案した小川菊松（誠文堂新光社社長）の当時の事情はいまや神話化している。菊松は8月15日の正午、房総西線岩井駅で昭和天皇の玉音放送を聞いた。東京への帰途、車中で、「戦後になればアメリカ兵がやってくる、英会話が必要になる。英会話の本を出そう」とひらめいたという。

　社に帰り、早速、社員の加藤美生と菊松の二人で、日支（日中）会話、日シャム（日タイ）」会話などを参考に、日本語の例文を一週間掛って作った。

　今からみれば内容は貧弱なものであった。日常の挨拶から始まって、道の教え方、数の数え方など簡単な会話の文例が79例載っているだけである。それに173の単語が列挙されている。

　本の大きさは四六半裁判（文庫本よりひと回り小さい）、32ページ、定価80銭である。ユネスコの本の定義49頁（3折）以上に照らすと『日米会話手帖』は本ではなくパンフレットになってしまう。

　戦時中、英語は敵国語として極端に蔑視された。出版社の欧文社は旺文社に、オーム社は電気日本社に、『サンデー毎日』は『週刊毎日』、『オール読物』は『文藝読物』、『キング』は『富士』になった。こうした非英語の日常生活であったから、その反動が考えられる。英語の必要性を感じない日本人はいなかった。特に上陸してくるアメリカ兵との会話を身近にイメージしたに違いない。

　『日米会話手帖』は9月15日に刊行された。戦後第一号出版物であることは前述した。総発行部数は360万部で、年末までの3ヶ月半にこれだけの冊数が売れた記録はいまだに破られていない。

　戦時中、誠文堂新光社は軍国賛美の本を多く出版していたので、統制下であっても紙の割り当てには恵まれていた。そのために戦後すぐの刊行が出来たとい

える。判型が四六半裁判という小型であったことも幸いし、初版30万部は可能だったのであろう。

　当時の取次は日配（国策会社）であった。取次の意気込みも強く、1円で100万部買切る話であった。中を取って定価は80銭となった。小川菊松は2年半後、戦時中の軍国賛美が問題視され公職から追放された。皮肉なことであった。

コラム

ベストセラーの考え方

　戦後一号のベストセラーが『日米会話手帖』であった。現物は小冊子にもみたない貧弱な出版物であったが、時代のニーズに乗って売れたのである。ベストセラーの条件に全国的に売れるということがある。

　1981年（昭和56年）に発売された『窓ぎわのトットちゃん』（黒柳徹子著・講談社）が 年内に430万部に達し、短期間の売行きとしては『日米会話手帖』を抜いた。初版は8000部だった。黒柳さんが子どものころ、"徹子"を"トットちゃん"と発音したことが書名となった。トモエ学園を舞台にした自伝物語である。2012年現在770万部売れているのは凄い。

　ベストセラーは出版全体から見た総合的なベストセラーの発表が一般的である。見方を変えれば量的ベストセラーである。読者の立場からするとジャンル別ベストセラーが欲しいところである。ベストセラーは必ずしもベストブックではない。しかしよく売れた、よく読まれたことは一評価であるから尊重してよい実績である。ベストセラーに時間を加味した本がロングセラーである。ロングセラーは良書と評価される。息長く売れるために、時代、空間を超えたコンテンツがあるからである。

　書店には必ずといってよいほど、ベストセラーコーナーがある。最近の傾向ではレコメンドコーナー（推薦本）を設ける書店が多くなった。このコーナーはその書店の感性である。海外の書店ではウィークエンドコーナーとかフレッシャーズコーナーとか、年代、職業、生き方に配慮してくれているコーナーがあって、楽しい。

2.2 広告無掲載を貫く『暮しの手帖』

■ 平和の時代への願い込めた『暮しの手帖』

　商業雑誌やフリーペーパーは広告収入が原資の重要な部分であることは誰でも知っている。ところが広告に頼らず戦後一貫して、今日まで広告無掲載で頑張ってきた雑誌がある。それは『暮しの手帖』である。

　戦後、焦土と化した東京にユニークな出版社が誕生した。それは1946年（昭和21年）3月に東京銀座で創業した衣裳研究所である。創業者は大橋鎮子と花森安治のコンビであった。発刊された雑誌は『スタイルブック』である。この雑誌の狙いは戦後の物のない時代でも「おしゃれに美しく暮したい」と願う女性の希望を叶えるものであった。

　1948年（昭和23年）9月に『美しい暮しの手帖』が創刊された。新雑誌は「衣」の他に健康を考えた「食」と、住まいの提案の「住」が加味され、衣食住の雑誌となった。その後、1953年（昭和28年）に誌名が『暮しの手帖』となった。発行部数1万部で出発したが、取次は7000部しか取ってくれなかった。

　そこで創業時の7人（花森、大橋鎮子、妹の晴子、芳子、横山啓一、鎮子の友人、清水洋子、中野家子）のメンバーは首都圏を営業に回らざるを得なかった。編集と営業の掛け持ちが続いたが、徐々に陽の目を見始めた。

　それは編集力、営業力の結果であった。『暮しの手帖』には広告ページが全くないのである。これは創刊当時から編集主幹の花森安治の考えであった。発行部数は目に見えて増えていった。13号7万5000部、20号12万部、1955年7月発行の30号は21万部、33号は31万部と順調であった。

　その要因は二つあった。一つは「天皇陛下第一皇女・東久邇成子さまの「やりくりの記」が5号で掲載され、爆発的な反響があった。もう一つは1954年、26号から始まった「日用品のテスト報告」が注目されたからである。

　身近な暮らしの必需品を毎号一つずつ取り上げた。ソックス、マッチ、鉛筆、アイロン、石油ストーブ、安全カミソリ、醤油、電球、てんぷら油等々である。特に話題を呼んだ商品テストは「石油ストーブ」であった。三回に亘ってテストされたが、一、二回目のテストでは外国製品が断然すぐれていて、日本製品

は手も足も出なかった。イギリス製の『ブルーウェーブ』がそれである。倒れても安全な製品なので、当時は売れに売れた。三回目になってやっと対抗出来る日本製品が登場した。

「商品テスト」はメーカーや消費者に大きな影響力を与えるようになり、『暮しの手帖』の部数増に寄与し、60年代の半ば（昭和40年代前半）には70万部〜90万部に達した。花森は商品テストを消費者のためではない、生産者のためのものであると言い切っている。1956年には菊池寛賞を受賞している。売れた要因は流通の面でもあった。書店現場にいた筆者として忘れられないのは、正味が3％下がったことである。この当時『暮しの手帖』は生活誌のナショナルリーダーになっていた。出版業界は、今15年連続の下降である。中でも雑誌の不振は大きい。暮しの手帖社は関連会社のグリーンショップ（通販会社・社長横山泰子）と本体の雑誌・書籍の出版社が両輪のように回転している。

現在、暮しの手帖社の社長は阪東宗文、編集長は松浦弥太郎が務めている。松浦は『COW BOOKS』の古書店経営者・エッセイストの新進気鋭である。

編集方針の変化と営業の頑張りで部数は微増している。若い読者層が加わり、マーケットが広がったことは明るいニュースである。創刊以来の広告無掲載方針は現在も貫かれている。このことが生き残り策となればよいが…。松浦は古書店と編集長という二足の草鞋を履いているが、雑誌不況の中で、この荒波を乗り越えられるか試練にあっていることは確かである。

> **コラム**
>
> ## 恐れられた商品テスト
>
> 外部からの広告は一切受け付けず、自社書籍だけ雑誌に広告していた。従っていづれの記事も一貫して商業主義に左右されない、生活者本意の視点が貫かれていた。特に家庭電化製品の商品テストの厳格さは有名で、各社『暮しの手帖』のテスト結果に恐れをなしていた。花森安治は、本当に良いものをメーカーに製造してもらいたいために、納得ゆくまでテストを繰り返した。消費者の立場に立った実証主義のテストは高く評価され、多くの読者の支持を得た。国語辞典も俎上にあがったことがあった。

2.3　戦後の出版基盤をなした『昭和文学全集』

■　戦後の全集ブームの先駆け角川書店の『昭和文学全集』

　戦後第一次の文庫ブームが1950年（昭和25年）に始まった。その先鞭を付けたのは角川文庫であった。そして51年に文庫ブームが沈静化した後、書籍業界に活気をもたらしてくれたのが文学全集ブームであった。

　1952年（昭和27年）、日本は政治的にやっと平和条約発効によって国際社会の一員となれた。この時の蔵相は池田勇人であった。彼が言った"貧乏人は麦を食え"は物議を醸した。大臣の失言は当時からあったものだと今更ながら思う。映画では戦後洋画ブームとなった『風と共に去りぬ』『誰が為に鐘は鳴る』が映画館を人で埋めたのである。

　出版界では文庫本が続出して、同内容のものも多く混乱したが、その後、淘汰され安定した形となった。そして文庫本合戦から全集合戦に移行した。全集では角川書店、新潮社をはじめ講談社、河出書房、筑摩書房、東京創元社などから発刊され、書店店頭を賑わせ、外商活動にも熱が入ったのである。

　1952年は文学全集ブームのスタートの年となった。前記の出版社から発刊されたが、全国的なヒットとなったのは角川書店の『昭和文学全集』（全60巻）であった。その秘密は第一回配本の横光利一『旅愁』にあった。とにかく飛ぶように売れた。

　全集ブームの二年前、1950年のベストセラーに『聞けわだつみのこえ』がある。この本は第二次大戦中、学徒出陣した学生の手記をまとめたものである。この中で多くの学生が読んでいたのが『旅愁』であった。このことが起爆剤の一要素であったかもしれないが、筆者は垢抜けしたデザインが人気の大きな要素だと思っている。グラシン紙で本体が包まれていた。ハードカバーの本体は鮮やかなピンクであった。今でも鮮明に装丁を思いだすことが出来る。

　角川の『昭和文学全集』は業界を駆け巡ったのである。今日の角川書店の基礎はここで出来たといっても過言ではない。のみならず、戦後初の大型企画を成功に導いた功績は大きい。出版業界に弾みを付けてくれたのである。文庫本を店頭商品とすれば、『昭和文学全集』は外商で人気商品だったのである。

もちろん店頭でも売れたことはいうまでもない。因みに他社の文学全集は以下のとおりである。

新潮社『現代世界文学全集』(45巻)、講談社『傑作長編小説全集』(22巻)、筑摩書房『小学生全集』(100巻)、河出書房『現代文豪名作全集』(25巻)、東京創元社『世界少年少女文学全集』、三笠書房『現代世界文学全集』(31巻)等である。

コラム

全集ブームは昭和初期に似ていた

1957年(昭和32年)、ようやく1941年以来続いた印刷用紙の割当統制が16年ぶりに終わった。出版界はこれから自由競争の時代という背景であったが、実際はそうではなかった。史上最高の出版社数を記録した1948年(昭和23年)の4600社の出版社は、反動で萎み、1951年(昭和26年)には1900社になっていた。

講和条約締結で独立国になった日本は、朝鮮戦争の特需で経済は上向きであった。この頃業界を支えたのは、文庫であり全集であった。昭和初期は円本に刺激されて文庫ブームが起こったが、戦後は逆であった。1951～52年にかけて、60種あまりの文庫が発刊された。文庫しか置いていない書店が御茶ノ水にあったことを記憶している。その出版に火を付けたのが角川書店の『昭和文学全集』の発刊であった。

文学全集は各種全集の中で花形である。『昭和文学全集』が売れたことは、文学全集群を刺激しただけでなく、文学全集以外の全集に火を付けた意味は大きい。すなわち1965年(昭和40年)の百科事典ブーム、同じく日本歴史ブーム、67年の詩全集ブーム、68年の音楽全集ブーム、80年の美術全集ブームと15年間に亘って出版業界を活性化してくれた。

ベストセラーといえば単行本の販売を思い浮かべるが、戦後の日本の書店の店頭では全集が単行本並みに売れたのであるから驚きである。

2.4　成功しないと言われた『週刊新潮』

■　初の出版社系週刊誌『週刊新潮』の誕生

　1956年（昭和31）年2月『週刊新潮』が誕生した。これまで週刊誌は新聞ジャーナリストに寄らなくてはならないといった一種のタブーがあった。この逆風の中、出版社系初の週刊誌が船出した。成功しないだろうと思われていたが、成功を収めたのは稀有なことであった。

　当時のことを知る人は少ない。元『週刊新潮』編集長・松田宏常務をお訪ねし、エピソードをお聞きすることが出来た。松田常務は1966年入社であるが、『週刊新潮』担当記者であったので、先輩から当時の事情を聞いていた。初代の編集長は佐藤亮一副社長で、表紙絵は谷内六郎、定価は30円であった。当時からカリスマ的な存在であった斎藤十一役員から松田常務も鍛えられていた。

　常務の話によると、『週刊新潮』は秘密裡に発刊されたのではなく、鳴り物入りで出たといってよい。新潮社の役員会で『週刊新潮』の発行が議題に上ぼって、反対する役員はいなかった。というより"よしやろう"という雰囲気が強かったのである。創刊のための準備金は3000万円だったという。文芸版元の新潮社には新聞ジャーナリズムにない強みがあった。それは『月刊新潮』に作家の悪口や文壇裏話を載せたゴシップページがあった。このネタは新聞社にはないものである。

　発刊当時から作家の協力は強かった。しかもその作品がすべて人気を博し、部数は伸び続けた。柴田練三郎『眠狂四郎無頼控』、五味康祐『柳生武芸帳』はまさに人気小説であった。谷崎潤一郎も創刊号から寄稿してくれていた。寄稿作家以外、草柳大蔵、井上光晴、江国滋など、ルポライターの活躍も見逃せない。部数は1956年11月に50万部、翌年2月に70万部、34年には発行部数が90万部に達した。この間、石原慎太郎『月蝕』、井上靖『白い炎』、山崎豊子『ぼんち』、大藪春彦『野獣死すべし』などが掲載されていた。文芸版元としての真価が遺憾なく発揮されたことが、創刊時数年に見られる。

　2006年（平成18年）に創刊50周年を迎えた。週刊誌として順風満帆、今日まで来たのは珍しいとしか言いようがない。谷といえば1972年「中曽根派黒

いウワサ」の記事と、山崎豊子『沈まぬ太陽』の連載中、JALの機内配布の雑誌から外され搭載されなかったことぐらいである。前者の記事を取材した松田常務はピストルで狙われた恐ろしさを鮮明に覚えているという。

　1965年以降社会派作品が掲載されるようになった。これは社会にインパクトを与えた新潮ジャーナリズムの確立だったと言える。その根源は『週刊新潮』の仕掛け人であり、社会の方向性を心眼で記事を書かせた伝説人間　斎藤十一であることは誰しも認めるところである。

> **コラム**
>
> ## その後の週刊誌
>
> 　わが国の週刊誌のスタートは1922年（大正11年）創刊の『週刊朝日』と『サンデー毎日』である。従来、週刊誌は巨大な組織、全国に張りめぐらされた取材網、販売網、広告網があって初めて刊行可能と考えられていた。即ち新聞社でなければ出せない独自な刊行物と考えられていた。しかし新潮社があえて挑戦、成功した。これで出版社でも週刊誌が発刊できることを確信したのである。雨後の竹の子の如く出版社発の週刊誌が誕生した。1950年代後半は週刊誌ブームになった。週刊誌を発刊順に見てみよう。
>
> 　『週刊新潮』（31年）、『学生週報』（31年旺文社）、『週刊アサヒ芸能』（同年・東西芸能出版→徳間書店）、『週刊女性』（32年河出書房→主婦と生活社）、『週刊大衆』（33年・双葉社）、『週刊明星』（同年・集英社）、『週刊実話』（同年・実話出版）、『週刊女性自身』（同年・光文社）『朝日ジャーナル』（34年・朝日新聞社）、『週刊少年マガジン』（同年・講談社）、『週刊少年サンデー』（同年・小学館）、『週刊現代』（同年・講談社）、『週刊文春』（同年・文藝春秋）、『週刊平凡』（同年・平凡出版）、『週刊時事』（同年・時事通信社）、『週刊コウロン』（同年・中央公論社）。
>
> 　大半の週刊誌が定価30円であったが、『週刊コウロン』は20円であった。しかし一番短命であったことは皮肉であった。『週刊マーガレット』（集英社）、『週刊少女フレンド』（講談社）の発刊は1963年（昭和38年）である。

2.5　寿命の短かった音の出る雑誌『ソノラマ』

■　短命に終わった音の出る雑誌『ソノラマ』

　音出誌が日本で初めて発行されたのは1959年（昭和34年）である。この年の10月6日、有斐閣の傍系会社としてコダマプレス社が創業された。11月10日にわが国で初めてのフォノ・シートが開発され、音出誌といわれる『KODAMA』『AAA』（スリーエー）が創刊された。『KODAMA』は月刊誌（大衆向き）であり、『AAA』は隔月刊誌（専門向き）である。

　続いて朝日新聞社が別会社朝日ソノプレス社を創立し『朝日ソノラマ』を12月10日に創刊した。前年1958年、出版社初の週刊誌『週刊新潮』の創刊時と同様、出版雑誌界に大きな衝撃を与えた。多くの出版社はこの音の出る雑誌に関心を深め、研究が進められた。1961年9月にはフォノ・シート出版社によって「フォノシート出版協会」が創立され、会員出版社は13社に上っている。音の出る雑誌の種類も増加し、売れ行きもようやく本格化してきた。1960年は19誌であったが、1961年は35誌と約倍増している。

　音の出る雑誌は1958年9月フランスで考案され、サイーブという会社でDSR2型というレコードを大量に生産して売り出し、これが雑誌に取り入れられ"ソノラマ"の名で世界に広まった。

　"ソノラマ"とはラテン語で、「音（SONUS）」と「広く見る（HORAMA）」をつなげて出来た新造語である。ソノラマが世界各国に広まるにつれて、日本の出版界もこれに注目した。

　ソノラマが売れた基盤になったのはLP盤プレイヤーの普及であった。当時の通産省の調べによると、1958年250万〜280万台に対して、1960年には500万台をオーバーしていた。この普及状況のうえに、レコードよりも安く、しかも音質も変わらず、保存もよくというソノシートを添えた雑誌は、従来の「読む、見る」の二要素に限定された雑誌に、「聴く」要素を加え、三位一体の立体的雑誌になったのである。雑誌業界は月刊誌、週刊誌、音出誌の三分野の時代になったと思われたのである。

　販売面で特記すべきこととして、『朝日ソノラマ』は東販専売ルートであった。

珍しさも手伝い『KODAMA』『AAA』『朝日ソノラマ』三誌の創刊号は発売直後すぐに売り切れた。まだ音出誌は本格的ではなく、三誌で22万部程度であった。価格は『KODAMA』はシート4枚入り66判280円、『AAA』はシート3枚入り66判280円、『朝日ソノラマ』は6枚入り66判360円であった。

　66判とは6寸×6寸の本のことで、約18cm程度の真四角の雑誌であった。当時の『文藝春秋』は100円、『週刊新潮』は40円であった。これから考えると音出誌は高かった。

　ソノラマは雑誌扱いのほか、「クリスマスカード」や「イングリッシュカード」など、書籍のソノラマも盛んになった。朝日ソノラマの『軍歌集』や『別冊KODAMA』の日本わらべ集などはよく売れた。『月刊明星』が島津貴子さまの声をソノシートで付録に付けたことも話題を呼んだ。

　音出誌がレコード業界を刺激したことはいうまでもなかった。国税庁はフォノ・シートをレコードと同種と見なし、課税対象に取り上げた。プレーヤーに乗せて音楽や歌を聞くのであるからレコードと変わりないという見解であった。出版社側は反対し、レコードとの相違点を陳述したが受け入れられず、結局1961年8月1日から課税対象（製造原価の20％）となってしまった。しかしフォノ・シート全部にかかるものではなく、教材もの、英語の発音練習、育児もの、ルポ、講演ものは対象外になった。

　ソノ・シートの出現は珍しいうちはブームを呼び、音楽や物語、スポーツの実況記録など多彩の商品が発売された。しかし如何せん音質が良くなかった。ソノシートは "くにゃくにゃ" の塩化ビニルのシートであったので、音の改善にも限界があった。一方で、LP盤のハイクォリティサウンドには、とうてい敵わなかった。

　そのために、このブームは長続きせず、2〜3年のうちにブームは去ってしまった。音出誌を最初に立ち上げた有斐閣の田中京之介は、新領域の開拓ということで熱心に事業を進め、当初は順調であったが販売流通に問題が多く、結局失敗に終わり、4年で幕を閉じた。有斐閣百年の歩みの中で、「唯一の失敗だった」と『有斐閣百年史』の中に記録されている。

　ソノラマの寿命は4年と短命であったが、出版界に「活字＋サウンド」の発想を残したことは、大変な功績であったと言える。1968年の音楽全集ブームの原点となった。

2.6　全国共通図書券の産みの苦しみ

■　4人もいる全国共通図書券の産みの親

　図書券（今は図書カード）が全国共通図書券として1960年（昭35）にデビューするが、その誕生はあわただしいものであった。それから図書券の産みの親は何人もいるように筆者には思えてならない。

　1958年（昭和33年）、当時25歳の日販社員村井圭一が最初の仕掛人である。どこの本屋さんでも使える共通の図書券を現実化する提案の募集に応募したのである。この提案を採り上げた人が、当時、企画調査室長であった滝口徹である。彼が調査室の若いスタッフ達にシステムを設計させ、法律上の諸問題を解明させ、制度を維持するための経済試算をさせたのである。彼を図書券の本当の産みの父と見る人が多い。しかし図書券の流通が始まって間もなくガンのために他界した。システム設計中に無理をし、治療が遅れたのではと惜しまれる。

　三人目の人は布川角左衛門である。1958年に布川がロンドンに滞在中、イギリスで1932年に始められた「ブック・トークン」（Book Token）を初めて見たのである。現物を買い求め、これを持ち帰った。帰国後、共通図書券の記事を発表し、多くの業界人の目にふれ、関心を誘い話題になった。

　この時に誰よりも強く実現の意欲を示した人が栗田書店の社長栗田確也であった。栗田書店は以前から本の贈りものに着目しており、1953年（昭和28年）から「贈りものには本と雑誌を」の運動を進め、ポスターを作っていた。

　図書券のスタートは難渋を極めた。1960年10月21日、日販は「全国共通本の商品券・ギフトブック」発行の企画を突如発表した。これは兼ねて、同社が研究していたものであった。この発表は業界に大波紋を投げかけた。

　10月24日、栗田書店は布川が紹介した、イギリスの「ブック・トークン」を範に、研究を進めていた「ブック・トークン（図書引換券）協同組合」案を小売全連（現在の日書連の前身）に提案した。その基本条件は、

　1.　営利事業であってはならない。

　2.　この機構は、全連を中心とした全国一丸とするものでなければならない。
というものであった。日販と小売全連が対立するのは当然のことであった。一

方、東販も10月29日、取引書店に対して、各種構想のあることを表明した。

11月2日、小売全連は在京理事会で協議したが結論が出ず、11月7日緊急ブロック会長会議で対策を協議し、あくまで小売全連が主体となって業界一本の図書券発行を正式態度に決めた。しかし取りまとめの結論は得られなかった。

11月8日、書協会長野間省一、東販社長池辺伝、日販社長相田岩夫、小売全連会長大川義雄の首脳会談が開かれた。小売全連を中心とした図書券制度にすることで意見が一致した。しかし日販は先日発表した企画は既定どおり実施すると強硬であった。

四人目の人は野間省一書協会長である。11月11日〜15日まで調停会議が続いたのである。調停には前記四氏の他に石山賢吉（雑協）、大曽根珪治（全連）、服部敏幸（講談社）、布川角左衛門の四氏も同席した。調停の結果、全国共通一本の商品券発行の新会社設立案に日販も同意し、野間省一の調停が実って、わが国出版界嚆矢の事業は理想的な形で発足した。野間が真の産みの親であろう。

日本図書普及株式会社の創立総会は11月25日に雑誌会館で開かれ、社長に野間省一を選出した。一ヶ月後の12月末に図書券が発行されるというあわただしさであった。印刷された図書券が取次に搬入されたのは12月20日過ぎだった。年内に間に合わせたいという強い意志で、全国共通図書券が誕生した。

スタート時の加盟店数は3297店であった。図書券の正味決定は12月14日だった。書店仕入95、入帳94で、発券は得だが、引換は損するものであった。当初引換の有効期間は2年であったが、1967年から無期限となった。1963年までは図書券では医学書は買えなかった。今は教科書だけ図書券で買えない。

コラム

図書カード販売の矛盾？

　全国共通図書券はデパート商品券、ビール券と並んで三大商品券の一角であった。今は近代化され図書カードとなった。お釣がいらない、しまい忘れがなくなったメリットが発揮されている。贈答用ギフトとして最適であるが、店頭で現物の本が売れなくなったという声を聞く。図書カードが店頭の実売の足を引っ張るなんて考えてもみなかったが…。

2.7　新書のルーツから現在まで

■　新書のルーツと現在の新書市場規模

　新書は1938年（昭和13年）11月『岩波新書』の創刊によって初めて業界に登場した。創刊の辞は「道義の精神に則らない日本の行動を深憂し、権勢に媚び偏狭に傾く風潮と他を排撃する驕慢な思想を戒め、批判的精神と良心的行動に拠る文化日本の躍進を求めての出発である」と謳っている。

　この当時、すでに戦争路線を突っ走っていた日本軍部に対する挑戦であり、時流に抗して『岩波新書』は創刊されたのである。創刊は18点、20冊の同時発売である。齋藤茂吉の『万葉秀歌上・下』、クリスティの『奉天三十年上・下』、中谷宇吉郎の『雪』、長谷川千秋の『ベートーヴェン』、津田左右吉の『支那思想と日本』などである。

　戦時下、一時休刊の止むなきに至ったが、戦後すぐ1946年には羽仁五郎『明治維新』、矢内原忠雄『日本精神と平和国家』を刊行した。

　1954年（昭和29年）、光文社カッパブックスにより新書ブームが引き起こされた。松本清張の推理小説が引金であった。カッパノベルズ、ビジネス、ホームズなど、当時のベストセラーを牽引した。手軽さが人気を呼んだのである。その後『中公新書』『講談社現代新書』『文庫クセジュ』『三一新書』『青春新書』などが生まれ、ノベルズ全盛時代、ハウツウもの全盛時代と変化し、カルチャー新書が注目された。手軽さも変化し、京極夏彦作品は800ページを超えている。

　1955年以降カルチャー新書として『丸善ライブラリー』『筑摩新書』『PHP新書』が刊行された。98年『文春新書』が発刊され、新書分野はにわかに賑やかになった。99年に平凡社が『平凡社新書』を発刊し、続いて『宝島社新書』『集英社新書』『光文社新書』『NHK生活新書』と目白押しであった。新潮社が『新潮新書』を発刊し、『バカの壁』（養老孟司）がミリオンセラーとなり、教養新書の潮流が渦巻いた。新書の主な読者は40歳以上の男性が80％と言われた。

　市場規模は2006年のピーク時が200億円であった。2010年は128億円と下がっている。2003年の『バカの壁』以来『さおだけ屋はなぜ潰れないのか？』『国家の品格』『女性の品格』とメガヒットが続いたが、ここ数年はミリオンセ

ラーが出ず、風船がしぼんだ感じであった。2010年に『老いの才覚』がシルバー層や女性読者を取り込み、ミリオンセラーになった。

　新刊点数は2001年から10年かけて、1300点から2000点と約1.5倍に増加した。平均価格は、長らく続いた新書700円の時代は終わり、2010年は804円になった。

　『岩波新書』『中公新書』『講談社現代新書』の三者は教養新書として固定読者が多い。書店現場では新潮社、文藝春秋、集英社、光文社など、棚を確保している。2012年8月の新書市場はノンフィクションは31社128点、フィクションは20社70点で、ハーレクインの28点刊行が目立った。今後期待したいことは若い読者層を掴む新書が発刊されることである。

```
コラム
```

カッパブックスは書店のステイタスだった

　新書は第二次大戦の2年前に生まれた。現在であればすぐに類似商品が出版される。しかし戦時体制であったので、追従企画はなかった。戦後すぐ新書ブームもあったが、実際には文庫ブームの陰に隠れてあまり騒がれなかった。本格的に新書ブームとして取り上げられたのは光文社版カッパブックスからである。カッパブックスは飛ぶように売れた。月次のベストセラーの半分をカッパブックスが占めることがしばしばであった。当時、書店でカッパブックスを十分に仕入、販売することは至難の業であった。カッパブックスの優先配本、常備書店になることは大変なことだった。光文社の書店選定の基準が厳しかったのである。光文社の常備店になることは書店のステイタスだったのである。

　新書判というと本のサイズを意味することがある。この表現は文庫判も同じである。新書サイズ、文庫サイズといえば携帯に便利な本で、車内の立ち読みに好都合であった。書店では陳列に際して、新書棚、文庫棚は専用棚である。単行本と一緒では無駄な空間が出来てしまうからである。

　新書判専用棚が用意されてあっても、寸が高く並ばない新書がある。それは早川書房の『ハヤカワミステリー』の新書判である。売れる商品であることは有難いが、書店泣かせの新書判である。

2.8 新書ブームをリードしたカッパブックス

■ 書店に読者を呼んだカッパブックス

　光文社が誕生したのは、1945年（昭和20年）10月1日である。『少年』『少女』『面白倶楽部』などの雑誌を中心に出版活動がスタートした。光文社の書籍で最初にベストセラーになった本は『少年期』（波多野勤子）で1951年である。1952年には『人間の歴史』（安田徳太郎）がベストセラー上位を占め、光文社の業界地位を高めていった。光文社は戦後すぐ講談社から枝分かれした出版社である。

　初代社長は講談社社員会の初代委員長だった茂木茂である。役員として神吉晴夫、五十嵐勝弥など4人が派遣された。この分社化の様子は、小学館と集英社の関係に似ている。

　光文社の出版は、雑誌が軌道に乗るのには時間がかからなかったが、書籍は順調とはいえなかった。その書籍に火が付いたのは、前出『少年期』である。書籍の担当役員であった神吉晴夫は戦前、講談社の出版局児童課長であった。神吉が著者波多野勤子の母と子の往復書簡に感動して出版した本が『少年期』だったのである。書籍に光が差したのは1954年からである。

　この年の年間ベストセラー10点中4点が光文社書籍であった。因みに『愛は死を越えて』『火の鳥』『文学入門』『人間の歴史4』である。この頃日本はデフレになり消費は横ばい化した。出版界も不況に襲われたが、デフレ対策として生まれたのが新書版であり、ポケット廉価判が読書人に歓迎されたのである。100円から150円の手ごろな定価も読者の的を射た。

　新書ブームは『青木新書』『カッパブックス』『角川新書』『河出新書』『中公新書』『三笠新書』などを生んだ。新書は戦前から『岩波新書』があった。しかし戦後の新書ブームに拍車を掛けたことには二つの要因があった。

　その一つは、当時、伊藤整ブームを拓いた『女性に関する十二章』（中央公論社）と、1955年ベストセラー1位の『はだか随筆』（佐藤弘人著：中央経済社）が新書判で発刊されていたのである。1955年の総出版点数2万1653点に対し、新書判2733点を数え、全体の12,7％を占めていた。

　もう一つの要因は『岩波新書』とは違う、書き下ろしという新しいカテゴリーの新書だったことである。さらに付け加えたいことは『カッパブックス』の隆盛が約20年持続したことにある。そのピークは1961年〜63年ごろであり、第二次は1967年〜1973年であった。1961年〜62年では年間ベストセラー10点中半分の5点がカッパブックスであった。

　書名のみ記してみよう。1961年『英語に強くなる本』『頭のよくなる本』『記憶術』『砂の器』『日本の会社』、1962年『易入門』『手相術』『スタミナのつく本』『マイカー』『景気』であった。1967年にもベストテンに5点入っていた。

　書店ではカッパブックスをいかに仕入れるか、常備店になれるかが最大関心事であった。中でも常備店に選ばれることは名誉なことであり、誇らしかった。しかしハードルは高かった。まだPOSなど無い時代であった。

　選考基準の一つに毎月送付する売上カードが年間11回以上であった。当時から光文社は生きた情報収集に熱心であり、また、情報の質を重視していた。まとめて売上カードを送ることは、当然、歓迎されなかった。

　カッパブックスはノベルズ、ビジネス、ホーム、サイエンスなどに分類された。松本清張の『点と線』『ゼロの焦点』『砂の器』などはカッパノベルズから生まれ、清張をスターダムに乗せた。ビジネス書が書店の棚に定着するようになった事もカッパビジネスの功績は大きい。

　カッパビジネスが生んだ『経営学入門』（坂本藤良）は大ベストセラーになったが、著者自身の会社の倒産を食い止められなかった笑えない一幕もあった。

コラム

新書御三家

　岩波新書、中公新書、講談社現代新書が御三家と呼ばれた時代を経て、90年代以降、ちくま、文春、集英社、光文社、新潮社、PHP、NHK出版、ベストセラーズなどが新書市場に参入し、競争が激化した。

　カッパブックスの松本清張のノベルズは売れに売れた。その後カッパビジネスによりフィクション以外に火が付いた。2003年以降『バカの壁』（新潮新書）、『女性の品格』（PHP新書）など教養新書のブームが起こった。

2.9 ビジネス書のルーツ

■ 1954年がビジネス書の始まり

　現在、どの書店に行ってもビジネス書の棚がある。東京や大阪のビジネス街といわれる場所ではビジネス書は花形商品である。しかし筆者が書店の仕事をするようになった1955年ごろ（昭和30年代）にはビジネス書というカテゴリーは無かった。いつごろからビジネス書が書店の棚に並ぶようになったのか、そのルーツを探ってみよう。1947、48年版（1947、48年は合本）から1965年版の『出版年鑑』で紐解いてみることにする。

　戦後すぐの1946年は経済一般書82点、財政金融書31点、産業書15点の発刊しかない。ビジネス書に相当する経営書の発刊は一点もない。1947年に初めて『経営学入門』（鈴木保良、永晃社）が発行されているが、書名にビジネスという言葉が使われていない。1950年には『商業界』（商業界社）、『商店界』（誠文堂新光社）、1951年には『会社四季報』A6判、150円、『週刊ダイヤモンド』（年間4000円）、『週刊東洋経済』（B5判、60円）などが発刊されているが、ビジネスという言葉を使った本の発刊はない。

　書名にビジネスという言葉の本邦初出は1952年で、『ビジネス談話室』（清水正巳、誠文堂新光社）である。しかし1953年には経営書の発刊は134点あったが、ビジネスと書かれた本はない。この年『日本資本主義講座』（岩波書店）が年間ベストセラーになっている。

　1954年がビジネス書のスタートの年といってよい。すなわち『ビジネスリーダーシップ』（R.A.ゴードン、森昭夫訳、東洋経済新報社、750円、当時としては高い！）、1957年『ビジネスマンの健康』（杉靖三郎、実業の日本社）他1点、58年『ビジネスゲーム』（中央経済社）、『ビジネスガールの健康』（実業の日本社）、『成功するビジネスマン』（実業之日本社）他5点、59年『ビジネス心理学入門』（実業の日本社）、『現代ビジネスエチケット』（ダイヤモンド社）他7点ある。1959年になって経営書という言葉が定着してきて、この分野の出版が活発になった。『明日の経営アイデア』（実業之日本社）、『経営学全集』（青林書院）などである。

　1961年（昭和36年）は光文社のカッパビジネス（新書判）が全盛であった。『日本の会社』（坂本藤良）、『日本経済入門』（長洲一二）などである。61年の年間ベストセラー10点中、カッパの本が7点を占めたことからも、カッパブームの凄さがわかる。当時、池田勇人内閣は所得倍増計画を打ち出し、高度成長政策を推進した。こうした時代背景の中で、出版界も好調であった。

　1962年に経営戦略書ブームが起こった。旧軍隊関係もの、中国の兵書、孫子、呉子の本が出版された。『戦陣訓』『作戦要務令』『軍事機密統帥綱領』『孫子の兵法』（読売新聞社）『兵法で経営する』（日本能率協会）などである。

　そして経営書ブームを決定付けたものが山岡荘八著『徳川家康』（講談社）であった。1963年度ベストセラー第4位、1963年第3位と、数年間に亘りベストセラーの上位を占めた。戦後の大ベストセラーである『太陽の季節』『挽歌』『人間の条件』をはるかにしのぎ、1962年で700万部売れていた。『徳川家康』は1950年から北海道新聞に連載された長編歴史小説であった。この本が経営者に愛読されたのである。

　家康の一生は、戦略から政治にいたる"国づくり"の連続で、その物語から労使問題、経営問題、技術問題などの教訓を得ようとしていたのである。こうした経営書ブームは書店の棚に変化をもたらしたのである。それは書店の棚の中にビジネス書コーナーが出来たことである。1976年にはビジネス図書の会（初代幹事・宣伝会議・久保田氏）が発足している。そしてビジネス書が書店の棚に定着するようになったことには取次の果たした役割が大きかった。

　取次が書店経営を指導する際に用いる経営のモノサシの中にビジネス書が登場したことである。トーハンの『書店経営の実態』の中にビジネス書が登場した初出は1990年（平成2年度版）からである。この本の中に書かれた部門別売上高構成比、在庫金額構成比、商品回転率の三つの視点にビジネス書が単独で登場している。1988年度版ではビジネス書・国家試験で一部門となっている。日販の『書店経営指標』のビジネス書の初出は1987年（昭和62年）で、分類別商品回転率の一部門としてビジネス書が登場していた。

　両取次の公式表現によって、ビジネス書は文芸書、児童書、文庫、新書などと並んで、書店売上の一ジャンルとして定着、認識されることになった。因みに現在のビジネス書の位置を見てみよう。2013年版『書店経営指標』によれば、売上金額構成比6.0％、商品回転率2.2回転である。

2.10　輝いていた平凡社・月刊『太陽』発刊

■ 『国民百科事典』成功から生まれたグラフィックマガジン

　月刊『太陽』が平凡社から発刊されたのは1963年（昭和38）6月12日である。この日は平凡社の創立記念日に当る。初代編集長は谷川健一である。一年間の準備期間を経て創刊された。創刊時の編集部は35名であった。雑誌の創刊は下中邦彦社長が編集局長時代の1957年ごろから検討されていた。62年に完結した『国民百科事典』の大成功により、社長のグラフィック・マガジン構想は現実化した。しかし雑誌編集の経験に乏しい平凡社では大海に船出する感であった。1963年元旦の全国の新聞紙上に「太陽をおくる出版社」という1ページ広告を打ち、以降創刊まで5回に亘り大宣伝を繰り広げた。

　4月1日にクラブ関東で取次店発表会をし、その後、全国各地で小売店向けの企画説明会が行われた。営業責任者の塩原康人常務の熱い説明で、『太陽』は "売れるぞ" という気持になったのは、筆者だけではなかったと思う。個人的には下中社長が大学の先輩になるので、心の中で応援しようと決めていた。その創刊号を多田屋で、510部販売したが、千葉県内では柏・浅野書店さんが520部でトップであった。雑誌の売れたことに隔世の感を覚えた。

　創刊時『太陽』はオールカラーでA4変型という目立つグラフィック・マガジンであった。その上、本邦初の横組みという画期的な雑誌であった。追い風といえば翌年開かれた東京オリンピックに訪れた外国人に注目されたことである。社長の下中邦彦は、父下中弥三郎同様に国際的視野で行動していたインターナショナルな出版人であったから、『太陽』は時代背景にピタリと合っていた。

　しかし実状は甘くなかった。グラフィック誌は印刷費がかさみ、定価が高くなった。広告収入も予定額に遠かった。採算点の20万部に達することは厳しかった。一方、誌面では三島由紀夫、徳川夢声、花田清輝、岡本太郎、井上靖、松本清張と大物作家が登場していた。

　特集主義で人気を集めていた『太陽』であったが、横組みはやはり日本人には馴染まないのか、1967年6月号から縦組みに変わった。高度経済成長を終え、出版界も二桁成長から一桁成長に低下した。反対に雑誌返品率は20％以上に

なってしまった。

　創刊時に華々しく登場、名を成したことは『太陽』の勲章であった。だが雑誌には寿命があった。通巻482号、発刊年数37年と半年たった2000年12月号（11月12日発売）で休刊した。しかし1972年（昭和47）に創刊された『別冊太陽』は、月刊『太陽』の遺産である。この名シリーズを遺したことは救いであった。現在でも『太陽』は生きているのである。

　なお、上記の資料は、元・平凡社取締役田中光則氏より頂いたことを付記しておきます。

コラム

最盛期の平凡社

　出版に浮き沈みは付き物である。平凡社にそれを求めるならば、『月刊太陽』発刊当時が最盛期ではなかったろうか？　下中邦彦社長が一番油が乗っていたように思う。平凡社の社長であると同時に、日本書籍出版協会の理事長でもあった。当時、下中社長は世界中を飛びまわり、カイロで行われた世界出版連合の議長もその頃されたと記憶にある。世界の下中として行動されていた。ご父君が湯川秀樹博士と共に世界平和委員であった如く、インターナショナルな活動をされていた。『月刊太陽』創刊の企画説明会は、丸の内東京會舘で賑々しく行われた。販売会社、書店人500人ほどで、会場は熱気に溢れていた。平凡社が東京オリンピックを迎えるに当って、日本を代表する雑誌を作りたい、その気持ちが集まった人に伝わったのである。本邦初の横組み、フルカラーと豪華な雑誌であった。多くの書店は『月刊太陽』を外商した。雑誌の外商は婦人誌新年号（家計簿付き）が中心であったが『月刊太陽』は別格であった。販売感謝会は箱根芦ノ湖畔プリンスホテルで豪華に行われた。全国精鋭の書店が一堂に集い、拡販の成功を出版社、書店、販売会社三者で喜び合った。企画から創刊号発売まで総て豪華づくめであった。販売面では学者風の塩原常務さんと、書店を牽引したのは取締役・販売部長の中島清さんであった。編集、営業に恵まれた平凡社だった。

2.11 『愛と死をみつめて』の大和書房の奇跡

■ 東京オリンピックと大和書房の『愛と死をみつめて』

1964（昭和39年）は日本が国内的にも国際的にも飛躍した年であった。東海道新幹線が開通したこと、羽田～浜松町間モノレール開通、そして大イベントは第18回オリンピックが東京で開催されたことである。国際的にはOECDに加盟したこと、坂本九の『スキヤキ・ソング』が全米で大ヒットした。日本の目覚しい復興ぶりがオリンピックによって象徴されたといってよい。

出版界もオリンピックに協賛し、オリンピック企画の本や雑誌が続出し、出版界を潤した。書協はオリンピック協賛事業として『世界各国オリンピックポスター集、付世界オリンピック切手シール』を5月20日から発売、よく売れた。書店も『オリンピックコーナー』を設けた。閉幕と同時に新聞社や出版社は週刊誌、グラフ誌でオリンピック特集を発刊、増刷に次ぐ増刷であった。ところがオリンピック開幕中はほとんどの人がテレビに釘付けになり、書店の売れ行きは芳しくなかった。

オリンピックに目を奪われていた1964年であったが、その中で唯一書籍で注目された本があった。それが『愛と死をみつめて』（大島みち子・河野實著、大和書房）である。記録的なベストセラーとなり、一年足らずで100万部を突破したのである。中学生以上の若い読者層に圧倒的な人気をもって読まれたことも、爆発的ベストセラーになった要因と言える。

この本を読んで「自分の生きる道を見出した」という青年もいたように、ドライな青年層に感動を与えたのである。これは当時の生きかたに何かを求めようとする現われであった。

大和書房は1961年（昭和36年）にスタートしている。創業者は大和岩雄である。1962年10月から書籍の出版を始めるが、最初の本は『孫子の兵法』で、二冊目は塩瀬信子の『生命ある日に―女子学生の日記』である。この本が大ベストセラー河野實・大島みち子の往復書簡『愛と死をみつめて』出版の伏線となったのである。『愛と死をみつめて』は132万部売れた。

いまや伝説化されているが、出版のきっかけは創業者大和岩雄と同じ信州伊

那谷出身の中央大学に学ぶ河野實が、難病で死亡した恋人大島みち子との往復書簡を大和に見せたことに始まる。河野はアルバイト先の大手出版社に一度は手紙を見せたものの、一顧だにされなかった。しかし大和岩雄は違った。400通を超える二人の往復書簡の中から、半分近くを選び純愛記録として出版したのである。これは大和が「若い人には、こんな一途な生き方がある！」と感動したからである。

本が発売されると、女性週刊誌、芸能週刊誌が取り上げた。さらにテレビ、ラジオ、映画、レコード化され、その相乗効果もあって、一年間でミリオンセラーになったのである。1964年はまさにオリンピックと『愛と死をみつめて』の年だったといえる。大和書房は『若いいのちの日記』（大島みち子）も出版、こちらもベストセラーになっている。

大和書房は2006年に『だいわ文庫』を創刊した。第一回配本のラインアップに『愛と死をみつめて』が取り上げられたことは言うまでもなかった。

コラム

ベストセラーになったわけ

『愛と死をみつめて』大島みち子、河野実（大和書房刊）は一年足らずで100万部突破の新記録を作った。当時、女性週刊誌、芸能週刊誌ブームであった。そこで取り上げられたことがベストセラーに拍車を掛けた。

また読者層が中学生以下という若い層に圧倒的な人気をもって読まれたことも記録的ベストセラーの原因と言える。この本を読んで「自分の生きる道を見出した」という青年もいた。現代の生き方に示唆を与えた青春感動作品であった。

『愛と死をみつめて』の放映時間帯は風呂屋ががらがらだったというから、テレセラーでもあった。ラジオ、テレビ、映画、レコードにまでなり、レコードはその歌手が大賞を獲得するほど、『愛と死をみつめて』は1964年（昭和39年）の話題独占作品だったのである。

2.12 2月は中央公論社の月？

■ 『日本の歴史』と中央公論社

1964年（昭和39年）2月に中央公論社から『日本の文学』（80巻）が発売された。B6判、ネイビーブルーのケースに入れられた堅牢な造りの本だった。厚さもあり見栄えのする全集であった。中央公論社は1965年2月に『日本の歴史』（31巻）を続けて発刊した。この全集は渋いブラウンのケースに入った本で、この本が売れに売れたのである。この年の年間ベストセラーの第一位を占めた。第1巻〜第10巻が毎月トップセラーだったのである。全集の巻数ものが平積みされ、売れてゆく姿は今では考えられない。1966年2月にも『世界の名著』（66巻）を刊行した。

この本は学生、ビジネスマンに読まれた。中央公論社らしい硬い内容の出版物であった。3年続いて2月という同時期に全集が出版されたことは、書店にとってはインパクトがあった。今流に言えば、1年置きに出た『ハリー・ポッター』の発刊を待つような状態であった。いつしか書店は「2月は中央公論社の月」と思い込み、商品の出来を楽しみにしていたことを思いだす。そのためであろうか、2月には他社から大型企画が出ることはなかった。

大変だったのは中央公論社の営業マンであったと思う。なぜならば、毎年1月2日に営業マンは書店訪問をしていたのである。全国一斉に正月休みを返上して書店に拡販営業をしていたのである。正月中に来店する出版社はほとんどない。小生の経験では正月三が日に訪問を受けたのは、中央公論社、誠文堂新光社、福村書店だけであった。取次会社は宝船セットと称してベストセラーを持って来たことを思いだす。担当は管理職の人だった。

その後も中央公論社は毎月2月に全集を発刊し続けた。1967年2月『日本の詩歌』、68年『世界の歴史』、69年『世界の文学』であった。当時、中央公論社が出版界に与えたインパクトは大きかった。それは1966年は戦後最大の全集ブームになったが、そのきっかけは中公『日本の歴史』だったのである。多くの出版社を刺激した。66年1月には河出『カラー版世界文学全集』、筑摩『世界文学全集』、2月中公『世界の名著』、徳間『近代日本の名著』、4月河出『カラー

版少年少女世界の文学』、5月講談社『世界の名作図書館』、11月文春『人生の本』、筑摩『現代の教養』が発刊されたのである。

さらに驚くべきことは、詩の本は売れないというジンクスが中公の『日本の詩歌』の好評で破られたのである。そして1967年〜68年は詩全集のブームを引き起こした。これは文学全集によって獲得した読者を離さない業界あげての努力といってもよい。

当時の詩全集は、新潮社『日本詩人全集』『世界詩人全集』、角川『カラー版日本の詩集』、河出『世界の詩人』『日本の詩人』、平凡社『世界の名詩集』、三笠『世界の名詩集』である。

コラム

正月に根回しは始まった

商人にとって2月と8月は"ニッパチ"といって売れない月の代名詞であった。ところが1960年代は、そのニッパチ月でも本はよく売れた。多くの書店は2月を過ぎるとそのまま新学期を迎えるので、正月から5月までは、結構忙しかった。

1960年代、中央公論社はよく全集を出版した。業界全体が、また大手出版社が全集にチャレンジしたものである。中央公論社の全集がすべて2月に刊行されたわけではないが、筆者の記憶では2月発売の印象が強い。なぜ印象が強いかといえば、正月に販促営業に中公さんがよく見えたからである。正月三が日に恒例の様に訪問を受けた出版社は中央公論社、誠文堂新光社、福村書店（社長）の三社だった。社の方針であったのか、販促員の熱心さなのか分からないが、筆者の記憶は鮮明である。当時の中公の全集はいずれも堅牢なブックケース入りで美しかった。全集名は「○○の○○」で統一されていた。『日本の文学』は紺色函、「世界の文学」は赤函、「日本の歴史」はブラウン、『世界の歴史』はグリーン、「世界の名著」はダークブラウン、『日本の詩歌』は朱色であった。店頭陳列の見栄えは抜群に良かった。一流の監修者による編集のよさが読者を惹き付けたのである。

2.13 戦後の文庫ブームの変遷

■ 文庫の変遷―戦後の文庫ブームについて

　文庫は、1927年（昭和2年）の円本ブームの最中に生まれた。ドイツの『レクラム文庫』に範をとって『岩波文庫』が誕生した。続いて『改造文庫』（29年）、『春陽堂文庫』（31年）、『新潮文庫』（33年）と相次いで発刊され、戦前、戦中を経た。戦後1950年に『角川文庫』が発刊された。

　『角川文庫』創刊のきっかけは、創業者の角川源義社長が、古本屋で一冊のボロボロになった本の扉に「目がつぶれるほど本が読みたい」と書き込まれた一行を見たからである。この1950～51年は戦後第一次文庫ブームで、この頃90余種の文庫が発刊された。『市民文庫』（河出）、『アテネ文庫』（弘文堂）、『教養文庫』（社会思想社）などである。『東京創元文庫』は63年、『ハヤカワ文庫』は70年に創刊されている。

　第二次文庫ブームは1971～73年で、『講談社文庫』は71年、50点一挙に発刊、華々しくスタートした。72年『中公文庫』、73年『文春文庫』が誕生した。従来、文庫のイメージは名著、古典、教養であったが、第二次ブームによってこのイメージは変わった。77年『集英社文庫』、80年『徳間文庫』、81年『朝日文庫』が創刊されている。

　第三次ブームは1984～85年で、84年『光文社文庫』、『知的生き方文庫』（三笠）、『PHP文庫』、『ワニ文庫』、『講談社X文庫』、『集英社コバルト文庫』など、85年『ちくま文庫』、『福武文庫』、『祥伝社ノンポシェット』、『廣済堂文庫』など、中堅出版社の企業防衛的出版が目立った。

　第四次ブームは96年～97年で、『角川ミニ文庫』『幻冬舎文庫』『小学館文庫』、『ハルキ文庫』などである。

　1997年から出版界は下降状態に入り、今日まで15年続いている（除く2004年）。ところが文庫ジャンルだけは2004年～06年の3年間は2.0％～5.8％の上昇であった。つまり文庫ジャンルだけは別格で、元気ジャンルと認識された。それが第五次ブームで、2006年～07年に起こった。

　『だいわ文庫』『中経の文庫』を中心とした雑学文庫ブームであった。『ハリー・

ポッター』を完結させた静山社が文庫に参入したのは少し後であったが、ブームは既に去り、文庫も昨年比ダウンのジャンルとなったのである。

　最近、文庫の中で元気なのはライトノベル文庫である。

　1976年『コバルト文庫』、88年『富士見ファンタジア』、『角川スニーカー』、91年『講談社X文庫ホワイト』、92年『角川ルビー』、93年『電撃文庫』、『ジャンプjブックス』、96年『ファミ通』、2000年『スーパーダッシュ』、『徳間デュアル』、『富士見ミステリー』、01年『角川ビーンズ』、02年『MF文庫J』、04年『メガミ文庫』、06年『GA文庫』『講談社BOX』『HJ文庫』、07年『ガガガ』、『ルルル』、08年『一迅社文庫』、『幻狼ファンタジア』、09年『ガンガンノベルズ』、11年『講談社ラノベ文庫』となっている。現在ライトノベル文庫市場は、角川が最大手であるが、講談社の攻勢が注目されている。ライトノベル全体の販売額は文庫全体の20％のシェアを持つに至った。

　2012年4月期の文庫新刊出版社は67社、137シリーズ、559点発行である。2010年の文庫年間発行点数は8718点であった。09年は9053点で史上最高であった。09年の文庫販売金額は1322億円で、書籍販売金額8491億円に対し、シェア15.6％である。販売部数では7億1781万冊対文庫2億1559万冊で、30％のシェアである。文庫販売のピークは1992年（1435億円）であった。09年は92年に対し92.1％である。書籍全体の販売は85.2％であるから、文庫は善戦していると言える。

コラム

文庫の流行

　文庫の主流は文芸文庫である。東野圭吾、百田尚樹作品は人気が落ちない。文芸の中でも時代小説が一ジャンルを形成したことも現代の特色である。佐伯泰英、上田秀人など人気作家が存在が強みである。女性で宮部みゆき、高田郁などの存在も大きい。

　警察小説ジャンルでは、堂場瞬一、高城賢吾等作家群が活躍している。最も新しいジャンルではBL（ボーイズ・ラブ）ならぬ、TL（ティーンズ・ラブ）の台頭である。女の子向けのライトな官能小説である。高校生から20代前半をターゲットにしていたが、実際の購買層は30〜40代の女性である。

2.14　旺文社の輝かしい時代

■　旺文社文庫はケース入りだった

　1965年（昭和40年代）ごろは本がよく売れた時代であった。毎年ジャンル
は異なるが出版ブームがあった。1965年は未曾有の百科事典ブーム、66年
全集ブーム、67年詩全集ブーム、68年個人全集ブーム、69年経営書ブーム、
70年ハウツウ本ブーム、71年文庫ブーム…と続いた。

　文庫は1927年（昭和2年）の円本ブームの最中に生まれた。戦後しばらく
は文庫御三家（『岩波文庫』『新潮文庫』『角川文庫』）の時代が続いた。その後、
1950〜51年に第一次文庫ブームがあった。『教養文庫』（社会思想社）、『市民
文庫』（河出書房）、『アテネ文庫』（弘文堂）などが発刊された。

　文庫第二次ブームは1971年にあった。これは講談社が創業60周年記念事
業として『講談社文庫』一挙55点発刊したのである。この第一次と第二次ブー
ムの間にも文庫発刊はあった。その一つに1965年創刊の『旺文社文庫』がある。

　この当時の旺文社は輝かしい時代であった。雑誌も参考書も辞書も百科事典
も、すべてが絶好調であった。特に雑誌では『大学受験ラジオ講座テキスト』
は実売率97％以上とほとんどど完売状態だった。予備校が少なく、受験生は
自宅でラジオ受験講座で勉強した。その時のテキストが上記の『大学受験ラジ
オ講座テキスト』だったのである。

　参考書は赤尾の『豆単』、原仙の『英文法標準問題精講』などは受験生の必読
書だった。辞書は『旺文社古語辞典』が出た頃だった。（今でも売れているのは
凄い）百科事典も1965年に出た『スタディ百科事典』全一巻に続いて、『旺文
社学芸百科エポカ』『ジュニアエポカ』と刊行され、全国の書店が競って売った。

　とにかく旺文社は学生に強い、中高校生に全幅の信頼があった。そうした背
景が旺文社文庫を生んだのであろうか。1987年（昭和62年）に廃刊したので、
今その姿を見ることはできない。古書店でもほとんど見られない稀書文庫に
なっている。それは、箱入りの文庫として当時から珍しがられていた。グリー
ンの表紙に、それよりやや濃いめのグリーンの箱という上品な造りと、年譜や
参考文献、鑑賞のポイントなど懇切丁寧な解説は学生、若者に人気があった。

毎年夏休みになると、全国の中高校で『旺文社文庫』の「名作読後感想文コンクール」が行われた。そのために店頭でも売れ、また学校一括採用があり、書店を潤してくれた文庫であった。文庫の内容は日本文学、外国文学、伝記、教養だが、同社の読者層を考えて、教科書で親しんだ作家、偉人伝といったものが選ばれており、すべて現代仮名遣い、注を巻末ではなく各奇数ページに置き、挿絵や写真を入れる、翻訳はすべて新訳とするなど、受験参考書出版社らしい、親しみやすさや読みやすさを重視した編集方針であった。

　手作りのケースは相当コストがかかったのであろうが、筆者は好きな文庫の一つであった。筆者には限りなくなつかしい文庫である。現在、毎年夏の文庫フェアが行われるが、この発想は『旺文社文庫』に発するのであろうか。

コラム

戦後、学参をリードした旺文社

　50歳以上の人で旺文社の受験参考書のお世話にならなかった人はいないと思う。それほど旺文社の学参は有名であった。1931年（昭和6年）に創業した時は欧文社であったが、「欧」の字が敵性語であると軍部に見られ、旺文社になった。赤尾好夫が『受験旬報』（後の蛍雪時代）を創刊した。戦後は『蛍雪時代』『中学時代1〜3年』『大学受験ラジオ講座』『高校時代1〜2年』『百万人の英語』と雑誌を続々と創刊し、ヒット雑誌となった。中でも「大テキ」と略称された『大学受験テキスト』は実売率97％という伝説まで生んだ。

　書籍も『赤尾の豆単』、原仙作の『英文標準問題精講』他精講シリーズ41点は問題集のベストセラーであった。辞書も好調であった。『旺文社古語』を始め、中学、高校向けの国語、漢和、英和、和英とフルラインで出版されていた。極め付きは『百科事典エポカ』の刊行であった。学参総合メーカーとして業界に君臨した。しかし少子化と受験環境の変化には勝てずジリ貧に陥った。退潮を早めた原因はもう一つあった。常にライバルの存在があったことである。学研、ベネッセ、増進会（Z会）、河合塾などの競争に敗れた。社長運に恵まれなかったことも凋落の一因であった。

2.15　文庫並みに売れた文学全集

■　河出書房『世界文学全集』

　書店店頭で全巻揃った全集を見かけることは、ほとんど無くなった。日本文学全集、世界文学全集、美術全集、日本・世界詩歌全集、日本・世界歴史全集、名著全集、音楽全集、児童文学全集、料理全集…等々数えればきりないほど、第二次大戦後出版された。

　全集といえば思い出されるのは昭和初期に大ブームになった円本の全集である。予約頒価1冊1円の廉価で出版された全集である。改造社社長山本実彦の創案で、1926（大正15）年11月に同社が発行を開始した『現代日本文学全集』（当初37巻、菊判、布上製、6号活字ルビつき、3段組、各巻平均約500ページ）である。35万部といわれる好成績に出版界は刺激を受け200種類前後の全集が発刊されたという。

　さて戦後の模様であるが、1952年（昭和27年）ごろに文庫本合戦から全集本合戦に移行している。因みに1953年のベストセラーには河出書房『現代文豪名作全集・芥川龍之介集』、筑摩書房『現代日本文学全集・芥川龍之介集』、新潮社『現代世界文学全集・ジャン・クリストフ1〜3』が堂々年間ベストテン入りしている。やがて新書判ブーム、1965年百科事典ブームを迎え、66年に戦後最大の全集ブームの到来となった。大手版元は総て全集を発刊した。

　中でも書店店頭を賑わしたのは河出書房版の『世界文学全集』であった。この全集を対象別、判型別、金額別に各種発刊し、多くの読者を獲得したのである。一般読者対象向きにグリーン版『世界文学全集』（1959年刊）が最初に発刊された。ダークグリーンのケースで、B6判でハンディタイプであった。売れ行きの好調に刺激されて、64年には『豪華愛蔵版世界文学全集』が刊行された。この全集は居間のインテリア感覚で購入された。そして女性向きに、当時としては珍しい文中の挿絵がカラーで印刷された『カラー版世界文学全集』が66年に発刊され人気を博した。A5判でケースもファッション感覚に充ちたものであった。河出書房の逞しさはさらに続き、67年には『ポケット版』『キャンパス版』が発刊された。

特筆すべきは全集の一冊一冊が文庫本並みに売れ、ベストセラーとなったのである。グリーン版『世界文学全集』の『嵐が丘』『ジェーン・エア』『風と共に去りぬ』『誰がために鐘がなる』等々が引っ張り役となり、全集全巻が平台に並ぶ異常な陳列風景となった。しかし当時としてはほとんどの書店がこうした販売をしていたので、この風景を異様と感じなかった。それは一冊一冊が飛ぶよう売れたからである。

これに味をしめた河出書房は第一期全48巻プラス別巻7、続けて第二期25巻、第三期20巻を発刊し、最終的には全100巻の大全集となったのである。

他社も刺激を受けたことはいうまでもない。全集の陳列が壁面棚という常識を破って、1965年から70年代初頭は全集の単行本化が横行したのである。

コラム

二度の倒産を乗り越えた河出書房

　1886年（明治19年・当時は成美堂）河出静一郎によって創業された。当時は学参、農業書が多かったが二代目河出孝雄社長になって文藝、思想書路線となった。戦後すぐ1950年に笠信太郎『ものの見方について』が大ベストセラーとなった。ここで一挙に河出文庫、新書も発刊、大手出版社の仲間入りと思われたが、総合雑誌創刊に失敗し、1957年1回目の倒産。河出孝雄社長の人望により、著者の支援が河出書房新社を創設、再建させた。65年河出孝雄死去、河出朋文が三代目社長となった。若さに任せた経営は強引であった。しかしバラエティに富んだ『世界文学全集』は大当たりした。若い人に受けたのである。その後『世界音楽全集』の企画は講談社と真正面からぶつかり、派手な広告宣伝が因で1967年再度倒産。

　再建され中島隆之が社長となる。この頃高橋和己『悲しき器』、81年田中康夫『なんとなく、クリスタル』、そして87年俵万智『サラダ記念日』が大ヒットした。当時社長は清水勝であった。短歌革命で河出文芸路線は確固たるものとなった。社長は若森繁男となり、堅実経営は続いた。河出文庫、ふくろうの本、KAWADE夢新書、橋本治『桃尻語枕草子』など、文芸書の河出となった。2011年に社長は小野寺優に交代した。

2.16　悲しみを乗り越えて

■　「雪祭り」というと、全日空機事故を思いだしてしまう

　毎年2月初旬に行われる札幌名物の「雪まつり」は1966年（昭和41年）にも恒例どおり行われた。出版広告代理店の東弘通信社はお得意先の東京の出版社19社の幹部を札幌雪まつりに招待したのだが…。ところが2月4日夕方予想もしない悲劇が待っていた。

　北海道の千歳空港を全日空ジェット「JA8302」は午後5時52分離陸、同6時59分ごろ羽田の管制塔に「千葉上空を通過。有視界飛行に切り替える。海側（六郷川川口）から着陸したい」と滑走路の確保を要請してきた。しかし、そのすぐあと、無線連絡を絶ち、同時に管制塔のレーダースクリーンから機影が消えたという。当日は天候が非常によく、大型機が遭難するような条件ではないとして、はじめは東京湾に不時着水したのではないかと考えられていた。捜索は羽田〜千葉〜木更津を結ぶ扇形の海上で行われた。

　着水？の淡い期待は、同夜11時半すぎに空しさに変わった。羽田の東南東14km付近で機体の一部が発見され、墜落が確認されたのである。遭難機には高橋正樹機長ら乗務員7人と126人の乗客の計133人が乗っていた。この遭難者の中に招待された出版人並びに東弘通信社関係者ら計24名全員がいた。最新鋭のデラックス旅客機の墜落は、単独機の事故としては世界最大（当時）と言われた。機体が多くの遺体を抱え込んだまま海底に沈んでいるので、遭難者の収容は困難を極めた。急角度で海に突入？したので、おぼれ死や爆発によるものではなく、遭難時に猛烈な衝撃を胸部にうけてほとんど即死に近い状態であった。出版界において空前の大事故となった。

　当時、日本書籍出版協会の佐々木繁事務局長は「日本の出版界にとって取り返しのつかない損失」と述べている。出版関係の死亡者は次の方々であった。

　池田五郎氏（池田書店専務取締役）、岩淵五郎氏（春秋社編集長）、大下正男氏（美術出版社社長）、清田幸雄氏（内外出版社社長）、篠　武氏（啓佑社社長）、篠田光夫氏（白水社編集部次長）、柴田乙松氏（誠信書房社長）、柴田良太氏（柴田書店社長）、高橋寛衛氏（有紀書房監査役）、武　正博氏（日本交通公社出版

事業部宣伝係長)、中藤正三氏(錦正社社長)、南雲正朗氏(南雲堂専務取締役)、南条安昭氏(共立出版社長)、日暮二郎氏(東海大学出版会編集長)、早嶋喜一氏(旭屋書店会長)、藤原省一氏(大日本図書書籍部長)、細田教人(第一法規出版取締役・出版部長)、吉野元章氏(裳華房社長)、松岡清吉氏(東弘通信社社長)、山口琳之助氏(東弘通信社専務取締役)。

こうした事故には紙一重の運命というものがある。同行した一行中、東大出版会中平千三郎氏は帰途を別にしたため、遭難を免れた。その他、取次訪問をしてキャンセルした人など、運命のいたずらを感ずるものである。

遺体の収容にはかなりの日時を要したが、全員の遺体が遺族の元に帰った。出版界では5月18日午後12時30分から、日本出版クラブ主催、関係各団体参加により、日本出版クラブ会館において、「全日空遭難者追悼会」が催され、出版業界をあげて哀悼の意を表した。また当日、遭難出版人を偲ぶ『涙痕録』が出版され、配布された。

社長を失った啓佑社(フランス刺繍、編み物手芸関係など実用書刊行)の経営は、その後、大和書房が引き継ぐという業界美談もあった。

東日本大震災後の今、現地の人の苦労、苦痛を考えると居てもたってもいられない気持ちで一杯である。物心両面でサポートしてゆきたいと思う。

コラム

業界の震災・火災

業界を見舞った震災、火災をたどってみよう。直近では、2011年の東日本大震災である。その前は1995年の阪神・淡路大震災である。2000年10月に鳥取県西部地震マグニチュード7は、米子・本の学校設立開校式の当日であった。永井伸和会長は参加者が来られるか心配したという。

古くは1964年1月31日旭屋書店本店がもらい火で全焼した。しかし翌々日にはオープンしたという旭屋魂に驚いた。

もっと古くは1950年代に池袋・西武百貨店書籍部が失火した時、取次、出版社の救援で翌日は営業したという美談もあった。このことが今日の「リブロ」繁栄の因子かもしれない。

2.17　婦人4誌全盛時代を思う

■　婦人4誌全盛時代と家計簿の付録

　1955年〜65年（昭和30年代）、婦人誌は『主婦の友』『婦人倶楽部』『主婦と生活』『婦人生活』などであった。当時婦人4誌といえば上記を指した。今は婦人誌という名称は死語になってしまった。ピーク時の1967年の新年号は4誌で415万部発行（実売370万部位）された。『主婦の友』新年号を金沢のうつのみやは貨車3台、平安堂は貨車2台で送ったという。

　この4誌のうち『主婦の友』（1917年創刊）、『婦人倶楽部』（1920年創刊）の二誌は戦前に刊行されている。戦後すぐ1946年『主婦と生活』（主婦と生活社）、1947年『婦人生活』（最初は同志社のち婦人生活社）が創刊された。

　婦人誌全盛が30年代、40年代前半と日本の高度経済成長と同じだったことは面白い。現在は婦人誌と呼ぶ人はほとんどいなくなった。しかし女性誌あるいは家庭誌として、年末になると家計簿を付録として増売、拡売が実施される現象は、当時の婦人誌全盛のなごりといっても過言ではない。しかし残念なことに当時の婦人4誌は一誌も残っていない。最後まで残ったのが『主婦の友』であったが2008年（平成20年）に廃刊になっている。

　当時を回想してみよう。発売日は12月13日と決められていた。婦人誌新年号4誌には凄さが三つあった。

　一つは豪華な付録が付いたことである。十大付録の年もあった。付録の中心は家計簿であることはもちろんである。『婦人生活』が開発した『カラー版料理家計簿』は好評で、増刷された。翌年からは総ての家計簿はカラー版になった。この家計簿の制作には各社が知恵を絞ったものである。高島暦も好評だった。祝儀袋、家計仕分袋、カレンダー、アドレスノート、メモ用紙、なども付録として付いた。

　二つは表紙が人気女優の和服姿が金色で飾られ、豪華そのものであった。吉永小百合、松坂慶子、大原麗子、岩下志麻、山本富士子、八千草薫、若尾文子、佐久間良子、新珠美千代、松原智恵子、三田佳子などを思いだす。価格は平月号に比べ20〜30％アップであったが、そのことで売れ行きが鈍ったことは

なかった。厚さ、体裁、価格が同じなので、誌名を隠すと見分けがつかないほど、似ていた。

　三つ目は出版社と書店の営業の息がぴったり合っていたことである。書店の年間売上の中で、婦人誌新年号発売日の売上がトップの書店が多かった。筆者が在籍していた千葉・多田屋でも同じだった。4月の新学期もよく売れたが、新年号発売日は年末の景気づけに恰好の日だったのである。出版社の担当者は9月から営業に回り始め、10月には4誌の目標部数を決めた。取次も中に入り応援してくれた。売れた時代だったので、返品という言葉はかき消されていた。

　現在も別冊家計簿のついた新春号は発売されている。昔の流れを汲む婦人誌は少ないが、家計簿の灯を消してくれるなという書店の要望が強いことは嬉しいことである。昔の輝かしい婦人誌全盛を知るものとして、これほど心強いことはない。

コラム

婦人誌外商裏話

　1960年代は住宅公団建設ラッシュであった。完成直後の団地は各種商人の戦場であった。

　新聞セールスマン、牛乳屋さん、カーテン業者、プロパンガス屋さん、家具屋さん、生命保険屋さん、電気屋さん、それに書店外商も負けじと加わったのである。婦人誌の拡売と同時に、他の雑誌の定期購読、書籍の注文など必死であったことを思い出す。

　当時、団地の奥さんは在宅していた。パートで働きに出る人は少なかった時代であった。熾烈を極めたのは日曜日の午前中である。ご主人がいるので、本屋にとっては話しやすい安心感があった。午後は家族で外出するので、午前が狙い目となる。

　訪問のご挨拶にもってゆく粗品にも気をつかったものである。書店らしく新刊ニュース、版元目録、文庫目録等持参したが、手渡すタイミング、どの目録にするか瞬時の判断が必要だった。奥さんやこどもさんにはこの粗品は歓迎されなかった。しかし目的は婦人誌新年号の予約であった。

2.18 業界が団結した「日本ブッククラブ」

■ 業界が一致団結し対応した「日本ブッククラブ」

1969年（昭和44年）5月に出版界に激震が走った。それは外資ブッククラブ上陸が問題化したからである。世界最大の実績をもつ西ドイツのベルテルスマン社と、アメリカの出版社タイムライフ社が連携し、タイムライフアジアブッククラブ設立の構想を発表した。

書店業界は新しい販売形式が持ち込まれることと、読者の特典として本が安く買えることに恐怖を覚えた。上陸しようとするベルテルスマンのブッククラブ会員は250万人を擁していた。その読者に対しての業務処理、配送業務はすべてコンピュータ処理されていた。当時の日本の事務処理技術をはるかに上回るものであった。さらに恐るべきこととして、彼らは具体案を持って上陸しようとしたのである。日本の出版物で発行後一年を経過した書籍を仕入れ、ブッククラブ版に装丁を変えて、安価で読者に提供しようとするものである。

業界内にブッククラブ必要論が急浮上、設置に向かったのである。授権資本3億円、払込資本6億円。出版社4、取次会社4、書店2の割合で出資を募ったところ、申し込みがオーバーする人気があった。12月に全日本ブッククラブ（野間省一社長）が設立された。

書店はクラブメンバーの募集にかかった。出版社はクラブ用の特別装丁の本の制作にかかり、業界としては会員向けの商品カタログを作り、会員が毎月買う選定リストを取次経由で書店に送ったのである。会員の特典として、会員は市販の商品より10～15％安い書籍が買えた。山本書店の『ユダヤ人と日本人』はベストセラーになるほどの人気商品であった。この商品が欲しいためにメンバーなった人も多かった。会員はリストの中から来月の購買書籍を書店に注文する義務があった。

この間ベルテルスマンは特別の策をもたず傍観といってよかった。というよりも日本国内の「外資上陸許さじ」の機運、雰囲気に圧倒されたと思う。アメリカと異なり国土の狭い日本にはそこにアメリカの半分以上の書店が存在する。広いアメリカでは本を購入するとき、直接書店に行って買うことよりも通

信販売であったり、予約販売で買うことが多い。特に雑誌は年間購読システム
が主流である。読者はディスカウント率が頭に入っているのは当然である。つ
まりアメリカ人の書籍、雑誌の購買パターンと日本人の購買パターンが全く違
うことを知ったことは確かである。こうした購買習慣の違いが、日本上陸を諦
めさせたといってよい。ブッククラブで本を買うことに日本人は馴染まないこ
とは必至であった。日本には都市、地方を問わず書店が散在している。

　この書店分布はアメリカ人には想像できないことであった。黒船襲来に燃え
た民族資本はアメリカ資本を駆逐した。1973年11月には全日本ブッククラ
ブは20分の1の大幅減資をした。そして74年7月に臨時株主総会で解散が決
議されたのである。

　ブッククラブ騒動から30年たって、今はアマゾンコムの上陸を許した。イ
ンターネットを活用したアメリカ式の書籍販売方法が日本人にこれほど受け入
れられるとはアメリカでも予想外であったろう。日本ブッククラブを思い出す
と、隔世の感を覚える。

```
コラム
```

日本ブッククラブの功罪

　ブッククラブは通信販売の変形であった。居ながらにして本が買えるシ
ステムである。しかし現在のようにネット社会ではないので、相手のシス
テムに乗らなければならない不便さがあった。黒船襲来で急いで作られた
「日本ブッククラブ」という会員制のシステムは、会員用専用書籍、会員
向け書籍リストをつくり、毎月購入してもらうものであった。

　しかしこの機能は発揮されることは無かった。それは外国資本の上陸が
無かったからである。取り越し苦労をした日本側は3年後に会社を解散さ
せた。

　業界が結束したことは評価できる。このブッククラブによって、本の定
期送本のベースが出来た。読者の購買方法が変化したのである。自宅にい
て、新聞広告の書籍が宅急便で買えるようになったのは1985年からであ
る。書店頭越しの商売の始まりであった。

2.19　高度成長に貢献した工学書協会

■　高度成長とともに歩んだ工学書協会

　工学書協会が設立されたのは1948年（昭和23年）12月である。初代幹事長は須長文夫（オーム社書店：オーム社の販売会社）である。

　敗戦直後のことでトーハン、日販はまだ誕生せず、日配の時代であった。こうした未分化の環境であったが、工学書協会は着実に実績を残していた。

　その活動期が日本の高度成長期とぴったりと一致していた。1956年から73年の前半は神武景気、岩戸景気といわれ、後半はいざなぎ景気であった。70年代になり先進国の実感が見えてきた。その間、産業構造は著しく変化した。農業水産業は19.9％から5.9％に減少し、反対に二次産業の電気機械、一般機械、輸送機械といった製造業のシェアは15.2％から31.6％と倍に成長した。この発展に工学書協会出版社（当時24社）の出版物が牽引、貢献したといって過言ではない。その根源は優れた特約店制である。

　当時、工学書協会の特約店に選ばれることは名誉なことであり、ステイタスであった。毎年3月熱海・金城館で選定会議が二日間に亘って行われる。この会議が誠にもって厳しいのである。幹事長の須長文夫氏は“須長天皇”とも言われる絶対実力者であった。

　工学書協会は小売店の立場に立って物を考える団体であり、販売の実践団体であった。全国で550〜600前後の書店が特約店に選ばれるが、資格審査があった。最低基準は年間販売冊数1500冊以上、10ヶ月で1.5回転以上、最低受託出版社6社以上であった。その他に販売に熱意のある店、書店員の管理教育の出来ている店、商品補充が完璧に行われている店など、厳格な条件があった。協会は須長学校とも言われ、版元の書店管理、指導は厳しいものであった。

　毎年、取次から新規申請店が提出されるが、協会は不熱心な店、販売不振店をまず脱落店に指定、次に前年度保留店の審査をした。この作業は質の高い特約店を構築するために必要なことであった。こうして選ばれた特約店には時代に合った工学書が陳列され販売されたのである。

　高度成長は高等教育の普及を促した。1956年の高校進学率は35％であった

が、1970年には82％に達している。大学（含短大）は10％から24％に伸びた。大学生の数は1960年60万人、70年134万人と2.3倍に増えた。中でも工学部学生3.1倍、理学部学生2.6倍（文系1.8倍）と急増した。大学院生になると、理・工学部では3500人が1万8000人と5倍（文系1.8倍）に増えた。工業立国に脱皮した日本の工業社会に専門書は必須であった。

580店前後の全国の工学書協会特約店は理工系学生に必要な本の供給をしたのである。出版業界には多くの協会、団体があるが、工学書協会のように、一店の書店選定をめぐって厳しい審査会議が行われるのは稀有である。書店並びに担当者を育てる協会の姿勢には頭が下がった。これ程までに真剣に書店のことを思い、商品を送り出す団体を見たことがなかった。協会と書店の真剣勝負だったといってもよい。あれから四半世紀以上経過したが、あの当時のことが忘れられない。

オーム社の社長室で須長さんからスリップのこと、欠本調査のこと、陳列のこと、『工学書協会ニュース書店版』のことなど薫陶を受けたことを思い出す。

コラム

オーム社の通信簿

今でこそパソコンがあるので販売管理、計数管理は簡単であるが、1950年代は大変であった。当時から筆者は坪効率、棚効率を考えた書店経営を目指していたので、オーム社から送られてくる年一度の「全国常備店販売実績表」は非常に参考になった。なぜならば、その実績表は自分の店一店だけの販売実績ではなく、全国特約店の成績が一覧できるのである。ライバル店の実態も手に取るようにわかる。400店前後の全国有力書店の素晴らしい実績をみて、いつも感心ばかりしていた。半分以上の書店を訪問してあったので、この通知簿は非常に役立った。オーム社発行の各ジャンルの販売実績を見て、商品のトレンドを感ずることができた。伸び率のよい店を訪ねたこともあった。資料の公開はオーム社ならではのことであった。自店だけの販売実績を分析した資料は人文、理工系の出版社からもらったが、オーム社の通知表は優良だったと今でも思っている。

2.20　忘れ去られたブックスト

■　前代未聞のブックスト

1972年（昭和47年）1月小売全連（現在の日書連の前身）が書籍マージン2割5分獲得運動の一環として組合書店1000店対象にアンケート調査を実施した。その結果は、人件費の高騰による経営難を訴える書店がほとんどであった。

小売全連は続いて2月15日「低収益と低賃金に喘ぐ書店経営」白書を発表した。5月に日本出版クラブで第27回定時総会を開催し、書籍マージン2割5分獲得運動実行委員長に松信泰輔（有隣堂社長）を選任した。

6月には書協と6回に亘り書籍マージン問題で協議したが進展しなかった。そこで8月9日に1600名を日比谷公会堂に集め、全国書店総決起大会を決行した。8月25日第10回会談が開かれたが物別れ、31日に最終案が出されたが決裂した。そしてわが国の出版史上、未曾有のブック戦争となった。書店ストは9月1日から12日までの12日間展開され、社会問題にまで発展した。

ストの統一行動の戦術内容の不売対象出版社、不売商品は次のとおり。

講談社の文庫・児童書、岩波書店の新書・『世界』、白水社の全商品、小学館の事・辞典・児童書、有斐閣の双書・『ジュリスト』であった。

9月20日以降までストが続いた時には、旺文社の文庫、オーム社の全商品が不売候補になっていた。スト実施中、都道府県各組合の幹部は組合員の店を巡回し、該当商品撤去、あるいは白布で棚を覆うなどの作業をした。お客さまの中には「その不当」を詰る人もいたが、全体としては同情的であった。

9月12日夕、取協幹旋案を受けて午後10時ストを中止した。覚書の三者は書協・下中邦彦、取協・加藤八郎、日書連・酒井正敏である。具体的な正味体系（定価別）は次のとおりである。

取次出し正味、600円未満77、1200円未満78、3000円未満79、3000円以上81である。結論は書店のマージンが2％アップしたことで決着したのである。12月1日以降の新刊、重版から新正味制に移行した。なお、このとき取次も0.5％を獲得している。

解決の覚書に明記された"責任販売制の実施"については、40年たった現

在でも三者の策はまとまっていない。ノーリスクと再販制で守られている書店業界の実情に加えて、正味アップの好条件は他業界からの書店参入を招く結果となった。資本力、店舗力、商品力で中小書店が圧迫される様になったことは皮肉なことであった。書店が変質したの一言で、現状の不振を回避してはならない。正味問題は取次は聖域として書店に立ち入る余地を与えていない。しかしこの状態では中小書店は疲弊するだけである。公正取引委員会によって書店の統一行動は禁止されているが、業界三者共存共栄の策を考えなければ、販売最前線は死滅してしまう。

　今こそ、全国書店が一致団結した1972年の熱き行動を思いだして欲しい。

コラム

ブックストを社会はどう見ていたのか？

　当時の『朝日新聞』に掲載されたブックスト関連の記事から見てみよう。

　9月1日『朝日新聞』朝刊三面に、「本屋さん"不売スト"突入へ　出版社側の譲歩案ける」の見出しで当事者日書連の要求を、受ける側日本書籍協会の回答案を示したが、スト突入になったと。新聞読者の投書「声」欄には7日付で、マージンを上げれば、本の定価値上げになる（22歳学生）と投稿があった。

　11日文化読書欄で、不売ストの深い根は委託制で急成長したと指摘、今こそ「商品」としての本を考えようと論述していた。12日付は「本屋スト」ヤマ場へ　出版社側きょう最終態度　小売側あっせん案のむ　と見通しを述べている。13日二面に"ブック戦争"中止　本屋手数料2％アップ　本代値上がりしそう…で本件関連記事は終わっている。

　業界紙の『新文化』は毎号（週刊）ブックスト記事が満載されていた。9月21号に三者合意の最終覚書が掲載されていた。そこには新しい正味体系、実施期日、地方正味の格差撤廃など8項目が書かれていた。その第6項目は「出版流通の合理化と三者の利益増を目的とする責任販売制の具体案を6ヶ月以内に確定するための協議を直ちに開始する」とある。

　しかし責任販売制の具体案は40年経った今に至るも進んでいない。

2.21　50年続く責任販売制の結論は？

■　責任販売制と業界の課題

　1961年（昭和36年）8月、書協の野間省一会長（講談社）が理事会で「取引制度合理化問題」について発言し、その中で「責任販売制の確立こそ急務」と指摘している。この発言が戦後出版界では初めてではないだろうか。

　この年1月小売全連（今日の日書連）は正味引上げ反対の声明書を発表している。さらに3月には『書店経営白書』を公表、5月には東京・千代田公会堂で適正利潤獲得全国書店総決起大会を実施している。時代は11年経過するが、1972年（昭和47年）8月、日書連は書籍マージン2割5分獲得全国書店総決起大会を開催、9月1日～12日まで史上初の書店ストとなった。その結果、書店で2%、取次マージン0.5%を出版社側が負担することになった。

　この時に『正味問題は責任販売制を機軸にして解決してゆく』の基本姿勢が書店、出版社側で確認された。78年4月に日書連では『責任販売制討議のための資料』を作成した。

　1987年のベストセラーに『サラダ記念日』（俵万智・河出書房新社）がある。5月上旬発売で、年内に200万部が売れた。同年暮に角川書店から俵万智『とれたての短歌です』が発売された。この商品は低正味の買切ということで話題になった。責任販売の究極として、買切制導入の出版流通に一石を投じた恰好であった。マスプロ商品の買切制の試みとして実験的な意味があったが、しかし結果はうやむやで、責任販売についての提案は宙に浮いてしまった。

　2000年に入ってから小学館から買切制正味、委託正味の二本立ての大型図鑑が発売され、書店の粗利拡大、買切販売の手馴らしが行われた。翌年、講談社も同様手法の流通を試みたのはご承知のとおりである。すべての書店が共感したわけではないが、一応の結果は出た。

　条件つき返品の枠もあり、歩安入帳というペナルティを書店は初めて味わった。筑摩書房、平凡社など中堅7社による「35ブックス」（35%粗利）は、外商書店にとっては福音であった。買切のリスクを低正味でカバーする流通方法をうまく利用する書店もあった。

　書店側からの責任販売制的動きとしてMPDの商品仕入がある。仕入量、責任販売に対してインセンティブの要求である。これは出版界の癌である返品についての処方箋である。取次側からも書店に対して責任販売の協力要請、試案が提出されている。返品率40％という緊急事態には仕入規制、責任販売しかないからである。

　責任販売今昔50年近くが経過するが、いまだに結果はでていない。リアル書店の責任販売がもたついている間に、Web書店の買切販売は、ますます成長していることは皮肉なことである。

コラム

責任販売制その後

　1972年（昭和47年）のブックスト妥結の三者合意の覚書の一項目に、「責任販売制の具体案を6ヶ月以内に確定するための協議をただちに開始する」とある。それから40数年経過しているが一向に埒が明かない。

　最近は、委託制にどっぷり漬かった姿勢は薄らいできた。買切というリスクを背負って粗利率を向上させる機運が強くなっていることも事実である。

　講談社、小学館など大手出版社主導による買切制、責任販売制の実施はすでに始まっている。河出書房新社、筑摩書房等、中堅・専門出版社主導による具体的な計画販売も実施されている。取次主導による積極的な責任販売案は数年前から試みられ、書店間に浸透していることも事実である。例えば日販の「パートナーズ契約」やMPDの「チャージ契約」である。書店の利益率30％の実現に向けて実行されている。トーハンにおいても、売り切りの特別条件の商品を書店に提供し、インセンティブの拡大を図っている。

　ICタグ導入による在庫管理の効率化も期待されている。すでに講談社は、2013年の秋からコミック全点にICタグ挿入を発表している。書店側でも2010年に紀伊國屋書店、11年に丸善書店が洋書の管理にICタグを採用している。CCCも代官山蔦屋書店で独自のICタグを導入している。

2.22 ムックの登場とそのルーツ

■ ムックの登場と販売戦略

　ムック（mook）の歴史はそれほど古いものではない。紀田順一郎『本の情報事典』によれば、布川角左衛門氏が『ちくま』1973年1月号連載『本の周辺』の中で『ムックとは』と紹介したのが初めてだろうと書かれている。

　出版科学研究所に問い合わせたところ、1972年2月主婦の友社が刊行した『生活シリーズ「家事と整理」1000の知恵』ではないかと言われた。

　出版ニュース社『出版データブック』によれば、1976年の年度10大ニュース項目の6番目に『ムック、カタログ誌、情報誌などの登場』として扱われていた。そしてさらに項目解説で、「マガジンとブックの合成語ムックは欧米では数年前からあったが、わが国の場合『別冊太陽』（平凡社）の『百人一首』の発行がその始まりだといわれている。」と記されている。

　そこで早速、『百人一首』発行時の状況を調べてみた。平凡社が社運をかけて創刊した月刊『太陽』が生まれたのは1963年である。もの珍しさもあったかもしれないが、10年経過して『太陽』は大きく成長した。

　この雑誌の編集方針の一つに「日本のこころ」の源流を探るというテーマがあった。そこで発刊された雑誌が季刊『別冊太陽』であった。つまり最初から季刊雑誌として刊行された定期性のある雑誌だった。英文の表記によれば「Winter '72　No.1」となっている。72年冬の号である。

　『別冊太陽―日本のこころ1　百人一首』は1972年12月1日、1200円（本誌は500円）で発行された。この『百人一首』は歌の解釈の決定版ということと、発売時期のよかったことに恵まれ、好調な売れ行きであった。

　ここで思い出されるのは愛蔵版別冊太陽『百人一首』である。価格は1万円、厚さは5センチ近くあり、超々豪華な表紙であった。ところが売れたのである。当時、港区六本木にあった誠志堂書店では、店頭のレジ脇に陳列し、130冊販売したことを小川支配人に聞いたことがある。この時代、豪華本ブームであった。愛蔵版『百人一首』は豪華本と受け取られ売れた。

　『出版データブック』は1976年と出典が遅い。このころはすでにムック第一

期と見るべきであろう。ムックのルーツは『別冊太陽—日本のこころ1　百人一首』であったと考えてよいと思う。つまり雑誌が母体で書籍化したのがムックのスタートであろう。

　ムックのメリットは雑誌コードとISBN（書籍化）が付されることによって、販路、販売期間が拡大された。このことにより出版社は売上増、利益増となった。

　ムックは1973年以降、女性誌が別冊として生活情報の実用書を出すことで本格化し、1978年には125シリーズのムックが登場した。いいこと尽くめのムックであったが、2000年に販売期間表記が設定され、販売にブレーキがかかった。

　2010年のムックの年間新刊点数は8762点で、史上最高の発行点数である。単純に計算すれば毎月730点のムックの新刊が店頭に並んでいることになる。2010年のムックの販売金額は1098億円である。この年の雑誌の総売上が1億585万円であるから、ムックの販売シェアは10.4％となる。

　2011年版『雑誌のもくろく』に掲載されているムック発行出版社は169社で、発売日不定のシリーズは372点である。発行点数は講談社54点、小学館20点、NHK20点、学研11点、徳間、主婦と生活社各10点、角川7点、集英社、光文社、実業之日本社各5点である。以下、宝島社、ブティック社、扶桑社、世界文化社、主婦の友社、婦人画報社、日経BPと続いている。

コラム

ムックの販売期間

　日本雑誌協会は、ムックの効率販売のために、販売期間を表記することにした。

　表記はH表記とし、表4下部の雑誌コードの下に表記する。表記の対象誌は出版社の自主選定とする。

　表記期限は12カ月以内の任意とし、販売期間（○カ月）は出版社が決定する。

2.23　オイルショックに泣いた出版界

■　オイルショックの波紋、　問題の多かったオイルショック

　1973年（昭和48年）に第四次中東戦争が勃発した。その結果、石油規制というオイルショックに見舞われた。当時、出版業界は世界的な原木不足に加え、夏の異常渇水により用紙事情が悪化していたのである。オイルショックはこの悪条件に追い討ちをかけたのである。

　用紙不足は異常な局面を迎え、印刷事情、製本事情の悪化を招いた。オイルショックは電力の供給削減という悪条件も引き起こした。そのために日本書籍出版協会は7月下旬、通産大臣に要望書を提出、「ほとんどの出版社が前年比2割から3割5分の値上がりと、希望する銘柄・規格の用紙入手が困難である」とし、「戦時下にあった用紙規制を思い起こす」と表明、「将来の予想を全くたて得ない現在の品不足は、新規出版計画の立案と重版の発行を困難にしている」と悲壮な訴えを行った。

　12月に、出版社は平均25％の用紙削減が製紙メーカーや代理店から通告された。この結果、再版・重版の遅れや、小部数出版が困難となり、定価アップという最悪の事態となった。

　紙が不足したことにより、世の中ではトイレットペーパーの買いだめ現象が起こった。家庭の主婦はスーパーに走ったのである。電力不足によってデパートは開店時刻を11時にしたり、降りエスカレーターを止めたりした。書店もこれに倣い、開店時刻を遅くした。筆者も多田屋現役時代であり、11時オープンを覚えているが、間もなく止めた。商人はやはり午前中が勝負なのである。しかし節電に努め、書棚の手元の電灯を消したり、蛍光灯を間引いたことを覚えている。

　出版業界では用紙を筆頭として、印刷、製本、輸送費などの大幅値上げを生み、新刊書籍の定価は前年に比べ30〜40％の上昇となった。用紙不足と高騰で、出版社は紙の手当に腐心した。多くの雑誌は減ページしたり、紙質を落としたりした。

　書店では雑誌の入荷量が減り、定期読者分が不足することもあった。そこで、

店頭で予約申込を受ける販促活動で、部数を確保した。文庫版元も紙の確保に苦労し、"三色もなか文庫"と渾名された文庫もあった。文庫の天が三種類の紙とはっきりわかったのである。

悲劇は三省堂のシール販売事件であった。1974年2月、紙の高騰を理由に値上げした三省堂は、旧価格の上に新価格のシールを貼り、辞書を販売しようとした。ところが東大、慶大、早大など都内20の大学生協のボイコットに会い、売上激減、返品増を招き、この年の11月に倒産した。

皮肉な現象もあった。それは定価値上げ分が売上増として現われた。対前年比の伸び率が2桁で、しかも2年間続いたのである。しかし、その反動が起こり、長続きはしなかった。1975年8月には返品率が40％を超えたのである。

コラム

雑誌もやせたオイルショック

オイルショックをまともに受けたのは雑誌である。総合雑誌の場合、約40ページ減、印刷部数も約2万部減冊という出版社。編集部は、「そんなに薄くなっては、よい雑誌は出来ない」と不満が続出した。

週刊誌はさらに深刻であった。発行部数も発行回数も多いからである。年末年始は新春特大号、特別号と毎週出していたが、オイルショックの1973年（昭和48年）は、逆に年内の最終の2週分が合併号になりそうだった。出版社はページ数を減らすか、発行部数を減らすか、二つに一つの選択を迫られたのである。

1974年（昭和49年）は三省堂の倒産という悲劇があったが、73年末から本の売れ行きがよくなり、年が明けても好調が続き、74年の1月から5月まで書籍、雑誌とも非常に好成績をあげ、販売額は上昇した。

販売増の主な理由は、定価の大幅上昇にもあったが、品不足から出版市場もハングリーマーケット的な状態になり、読者の購買心理を煽ったこと、必然的に返品抑制につながったことなどがあげられる。

そして紙飢饉が緩和されると一転、売れ行きダウン、返品増となった。

2.24　地方・小出版流通センターの誕生

■　地方・小出版流通センターが生まれたとき

　1975年（昭和50年）秋に、東京・東村山図書館で「地方出版物展示会」が開催された。当時、東村山図書館の館長は鈴木喜久一氏であった。この展示会の本の調達は大手K書店であった。この頃はまだコンピュータもなく、もちろんPOSなど無い時代であった。

　鈴木館長は目利きであったので、K書店の納品状況に首をかしげたのである。それは注文した本が思うように入荷せず、これと引き換えるように書店担当者から数多くの短冊を渡された。その短冊には取次不扱という判子が押されていた。つまり書店→取次→出版社の注文流通ルート上で、出版社と取次は取引が無かったのである。取次の取扱い出版社名簿に名前がなければ、取次は不扱の印を押して書店に返送するのであった。

　鈴木館長は発注する前に、現物を見ていたのである。本が発行されているのに、読者の手に届かない出版業界のこの矛盾を新聞紙上に発表した。そこに着目したのが、川上賢一であった。当時、彼は25歳の若さであった。彼は地方にも立派な出版社があり、首都圏にも良書を発行している小出版社を知っていたのである。

　川上は使命感に燃え、それまで勤めていた模索舎（ミニコミ書店）を退職して、全国の小出版社を駆け巡ったのである。この涙ぐましい努力はNHKの報道番組で30分に亘り放映された。青森の雪の中で版元を尋ねる姿、小出版社社長と出版を熱く語る川上の姿にどれだけ多くの読者が感動、感激したであろうか。

　約一年の苦闘の末、出版、図書館関係者などの発起で『地方・小出版流通センター』が設立された。トーハン、日販など取次が今まで扱わなかった地方出版物、無名出版社の本を専門的に扱った。しかし経営が厳しいことは当初からわかっていた。なぜなら多品種、小部数扱いという取次の流通に反していたからである。

　地方・小出版物流通センター（地方小）のスタートは目覚しかった。それは地方小の誕生の翌年1976年（昭和51年）、西武デパート（池袋）で行われた『地

方・小出版ブックフェア」が大盛況で、NHKをはじめ各局テレビが全国ネットで報道したので、地方小の存在が一挙に知られた。そして地方・小出版物の取扱い目録『あなたは、この本を知っていますか』を刊行し、読者と版元を結ぶ情報誌『アクセス』（定期刊）を創刊した。

　地方出版物への関心の高まりを背景に、センターの活動は、読者をはじめ、出版界、図書館界で注目されたのである。センター開設以来併設されていた『展示センター』が1980年には神保町に移転し、改称し「書肆アクセス」となった。地方小の店売部門として、神保町の人気書店になった。

　この間『ブックインとっとり』で「地方出版フェア」が行われたり、鳥取『本の国体』の会場からNHK教育番組が一時間に亘り放映されたことも印象深いことであった。この主催は今井書店であったが、バックアップしたのは地方・小出版流通センターであった。

　1995年には、創立20周年記念事業が幕張メッセで行われた。祝辞に立った天野祐吉は『広告批評』が地方小扱いで、育てられたことを述べていた。記念品は1974〜1994に発刊された3万3000点を集録した『あなたはこの本を知っていますか』厚さ5cmの総目録であった。

　残念ながら神保町の書肆アクセスは、2007年に閉店した。出版業界全体の地盤沈下に地方出版物もその影響を受けている。反面、自費出版が急成長してきた。時代の変化は目まぐるしいが、地方・小出版流通センターのスローガンである "既成の流通ルートにのらない本の、流通システム" あるいは "一冊の本の自由な流通" の精神は今も厳然と生きている。

コラム

『あなたはこの本を知っていますか』

　『あなたはこの本を知っていますか』は、地方・小出版流通センターの出版図書目録である。当該取次の扱い商品が全点掲載されている。取扱出版社474社、扱い点数2958点、地域別出版点数は次のとおり。

　北海道121、東北121、関東353、東京918、中部・北陸310、関西526、中国112、四国73、九州323、沖縄96、海外5点　計2958点。

2.25　出版業界の売上が1兆円を超えた年

■　出版界が1兆円産業になった年

　出版物の実販売額が1兆円を超えたのは1976年（昭和51年）で、1兆663億円であった。しかし皮肉なことに、この年から売上伸び率は1ケタ台となり、1995年まで20年間低空飛行を続けていた。それでも成長していたのである。その成長力が1996年以降、今日まで16年間前年比割れの下降飛行となった。因みに1976年の伸び率は8.9％、返品率は28.4％であった。

　業界売上が2兆円に達したのは1989年（平成元年）であった。1976年から1桁伸張にせよ13年間成長し、1989年に2兆145億円に達したのである。この年から6年間成長して出版業界の売上ピークは1996年（平成8年）、2兆6563億円となった。内訳は書籍1兆931億円、雑誌1兆5632億円であった。尚、書籍のピークは96年1兆931億円、雑誌は97年1兆5644億円であった。

　話を1976年に戻そう。年間実販売高1兆663億円のうち、流通経路別の売上は次のとおりであった。

　（1）書店ルート75.1％、（2）割販ルート（ブックローン、タイムライフなど）10.6％、（3）スタンド販売ルート4.8％、（4）鉄道弘済会ルート4.1％、（5）生協ルート2.5％、（6）卸売ルート（滝山会、啓徳社など）2.0％、（7）輸出ルート0.9％であった。手元の2012年のデータと比較してみよう。

　『2013　出版物販売額の実態』（日販発行）によると、ルート別の出版物販売推定額は、書店ルート1兆2904億円（構成比72.8％。ただし、図書館の推定販売額414億円を含む。教科書の取次扱い推定販売額188億円を含み、教科書の直販扱いの推定販売額564億円を含まない）、CVSルート2451億円（構成比13.8％）、インターネットルート1446億円（構成比8.2％）、駅販売店ルート402億円（構成比2.3％）、生協ルート355億円（構成比2.0％）、スタンドルート160億円（構成比0.9％）となっている。1976年と2012年のデータを比較すると、この35年間の流通経路の変化に驚く。

　1.　書店ルートが2.3％低下した。
　2.　CVSルートが市場市民権を獲得し13.8％に成長した。

3.　インターネット販売の驚異的な伸び、構成比で8.2％は凄い。

4.　割販ルートは姿を消し、鉄道弘済会ルートは微増。

5.　生協ルートは微減し、スタンド販売は消滅に近い。

以上のような変化であるが、この現象は出版業界の変化であると同様、社会全体の変化でもあった。すなわち流通革命といわれたCVSの出現は1970年代後半である。出版業界が初めて達した1兆円売上も70年代後半であった。その時に誕生したCVSはみるみる成長し、書店から雑誌売上を奪い、業界雑誌売上の半分近くを売るようになった。業界では書店に次ぐ流通ルートになったのである。そのCVSルートも返品増に悩まされている。ネット販売が8.2％という数字も見逃せない。アマゾンに代表されるネット売上はリアル書店を脅かしている。トーハンのehonや日販の本やタウンの頑張りを期待したい。

書店数をみると1976年は、当時、通産省の調査によれば3万274店である。09年経産省の調査では1万6342店である。書店数では46.1％のダウンである。つまり書店はほぼ半減したといってよい。ただここでいう書店はお役所の調査で「商業統計」による数字である。書店が含まれる日本標準産業分類のコード6041「書籍・雑誌小売業」には古書店、洋書取次、楽譜店も含まれている。

なお、日書連加盟店は76年1万274店、09年は5502店、2012年には4458店で、43.4％ダウンである。

> **コラム**
>
> ## 他企業参入の売上が大きい
>
> 　出版業界の売上が1976年（昭和51年）に1兆円に達し、89年（平成元年）には2兆円になった。この間、他企業からの参入による売上の大きいことを忘れることは出来ない。鉄道関係では弘栄堂書店、若草書房（奈良交通）、かもめ書房（阪神電鉄）、啓文堂書店（京王電鉄）、小田急ブックメイツ（小田急電鉄）、KIOSK、スーパーではキンカ堂、イトーヨーカドー、ジャスコ、ダイエー、アシーネ、平和堂、ワンダーグー、いずみやなどである。コンビニではセブンイレブン、ローソン、ファミリーマート、サークルKなど。電器業界からもヤマダ電器、ヨドバシなど。

2.26 八重洲ブックセンターの出店の衝撃

■ 総スカンを食らった八重洲ブックセンターの出店時

1977年（昭和52年）8月17日、八重洲ブックセンターが東京駅前八重洲口に1711坪での出店計画を東京組合に発表し、同意を求めてきた。当時の書店規模の全国平均は20坪であったから、八重洲ブックセンターの売場規模が破天荒であることがわかる。地元東京組合は直ちに全面撤回を求める要請をし、日書連も全面的に支持した。反対署名運動を展開し、都議会へ請願した。

12月8日には「鹿島・書店進出反対東京都書店総決起大会」を開催した。日書連は「他産業大資本の書店進出絶対反対」として全国20万人署名運動を展開し、東京組合をバックアップした。

翌1978年2月8日、東京組合は国会に陳情と同時に鹿島本社へ抗議文を提出した。3月に鹿島本社より750坪に規模縮小で合意の回答があった。

鹿島の書店進出の意気込みは鹿島守之助の意志によるものである。守之助は鹿島建設社長、参議院議員三期、大臣歴任、鹿島出版会創立（1963年）社長、文化功労賞（1973年）受賞。先進国の大型書店を知る守之助は世界に恥じない書店を希求していた。

イギリス最大の書店であるロンドンのフォイルズ書店と親交があった。フォイルズは創業1905年、在庫50万点、500万冊という独立書店では世界一であった。地下1階、地上5階1440坪ある。八重洲ブックセンター初代社長河相全次郎から数年前、当時フォイルズから届いた支援の手紙を見せていただいたことがある。それはフォイルズの熱い支援文であった。

1978年8月、段ボール箱1万5000個が新規採用社員80人（女性80％）によって1ヶ月掛かって棚詰めが行われた。20万点、100万冊の物量を支えるため、荷重計算はオフィスビルの倍、駐車場並みの強度であった。当時世界の大書店1位はフォイルズ（500万冊）、2位モスクワ・ドム・クニーギ250万冊で、八重洲ブックセンターは世界3位であった。

八重洲ブックセンターは1978年9月18日オープンした。評判はすこぶるよかった。その理由は「陽の目を見ない地味で売れない」と一般の小売書店で敬

遠され、倉庫で眠っている本が全員集合したからである。100万冊の大販売作戦が開始されたが大成功であった。改めて書店はスペース産業であり、広いスペースに多くの本を陳列販売することがサービスであることを見せ付けた。このことが大きな魅力となり、定価の高い学術書、専門書が売れたのである。

　開店にあたり書店組合から商品規制も受けていた。コミックは陳列しない、学参売場の制約もあった。外売もしない条件はあった。売場に使用できなかった5階は有料読書ラウンジであったが、珍しさもあり好評であった。

　結果として大反対運動は全国向けPR活動に変化し、商品規制が専門書売上に貢献したことは皮肉なことであった。

コラム

マスコミと八重洲ブックセンター

　「どんな本でもすぐ手に入る」をキャッチフレーズに日本最大のマンモス書店「八重洲ブックセンター」が1978年9月18日オープンした。

　午前10時からの開店披露パーティには約700人が出席した。大平自民党幹事長、中曽根同総務会長、約400社の出版社社長がズラリと顔をそろえ、正午、砂田文相のテープカットで一般客にオープンする賑々しさであった。式典の中で河相全次郎社長は、鹿島守之助氏の形見というグレーの背広姿で挨拶された。出版界を代表して下中書協理事長が、同書店の白を基調にした明るい店内の印象を「本のホワイトハウス」と評した。

　砂田文部大臣は「文化の殿堂にふさわしい書店」と祝辞した。初日の入店客は4万人、売上げは1800万円という順調な出足であった。文庫本から88万円の美術本まで並んでいる売場である。豪華本やセット商品が単行本なみに売れた。現在でも客単価の高さは日本有数である。

　なんだかんだあった八重洲ブックセンターのスタートであった。開店当日の『朝日新聞』の出版広告は第六面に中堅10社の全五段の広告があっただけである。大手出版社は日書連に気遣いして出広を控えたのであろう。

2.27　女性がリードしたサン・ジョルディの日

■　サン・ジョルディの日は消えたのか

　1984年（昭和59年）、名古屋の新東通信（広告代理店）が日書連に"本を贈るキャンペーン"をやってみませんかと提案してきた。当時、日書連会長は松信泰輔（有隣堂社長）であった。松信は妹の篠崎孝子（当時有隣堂常務、のち社長）に「サン・ジョルディの日」の研究を命じた。

　篠崎は84年にEPOCH（エポック）を立ち上げていた。この会は会員10名で、リーダー篠崎孝子、事務局石田恵子（日販）で、女性の資質向上、リーダーシップの育成を目指した女性だけの会であった。エポックは早速「サン・ジョルディの日」の研究に入り、「サン・ジョルディの日」店頭活性化コンクールなど、精力的に「サン・ジョルディの日」促進に力を入れていた。

　この「サン・ジョルディの日」とは、スペイン・カタルーニャ地方の伝統的な祝祭日で、カタルーニャの守護聖人である騎士サン・ジョルディの伝説に由来するものである。バルセロナを中心とするカタルーニャ地方では男性は自分の大切な女性に花（バラ）を、女性は男性に本を贈る習慣があった。

　書店と「サン・ジョルディの日」の関わりは、1923年に、カタルーニャ地方の書店が、この日が小説「ドン・キホーテ」の作者セルバンテス（スペインの作家）の命日（1616年）であり、さらにシェークスピアの伝説上の命日（1616年）でもあるという、文学に縁の深い日であることに結び付けて、プレゼント用に本を買うと赤いバラを添えたことによる。

　1985年6月に日書連理事会で松信会長が4月23日を「サン・ジョルディの日」としたいと提唱した。それと呼応するかの如く、日本カタルーニャ友好親善協会が設立され、共同で4月23日を「サン・ジョルディの日」とすることを決定した。そして第一回「サン・ジョルディの日」が1986年4月23日に大々的に開催されたのである。

　この推進役がエポックの会であったことはいうまでもない。愛する人に感謝（本・花）を贈る日を彼女たちは強くイメージしたのである。愛を贈る、本を贈る気持ちが書店店頭に輝かしく花開いたのである。

　第1回は全国7都市（東京、名古屋、横浜、札幌、仙台、大阪、福岡）で開催された。各地区では実行委員会がキャンペーンをリードし、地区後援も教育委員会、ユニセフ、文学館、当該市等強力であった。催しものは本と花はもちろんのこと、バラ展示、花の切手展、スパニッシュ・ギター・デュオ演奏会、カタルーニャの小物市、スペイン料理広場、サイン会など、盛り沢山であった。

　書店店頭には「サン・ジョルディの日」に贈りたい本、100選も登場していた。

　2年目はさらに拍車がかかり、国民的運動とも思えた。主催、日本カタルーニャ友好親善協会、書協、雑協、取協、日書連、読進協、図書普及、後援は日本生花商協会、花卉生産協会、花卉卸協会、さらに後援として外務省、農水省、通産省、スペイン大使館、カタルーニャ自治政府、日本スペイン協会、イベリア航空といった面々であった。

　愛を贈る、本を贈る「サン・ジョルディの日」は育っていった。書店店頭活性化コンテストには全国155店の応募があり、特選のご褒美はスペインの旅八日間であった。スタートから5年目から地域ごとの特徴が目立つようになった。この間エポックは毎年「サン・ジョルディの日」取材、記事、報告など「サン・ジョルディの日」に取り組む姿勢は衰えることはなかった。彼女らの会報誌「EPOCH」には毎号サン・ジョルディの記事が多く取り上げられていた。

　1995年は出版物（書籍・雑誌）が一番売れた年である。48億冊が売れたから、日本人は一人40冊は本を買った計算になる。この年から出版界は下降線をたどり、今日に至っている。この間、書店業界における「サン・ジョルディの日」のマンネリ化、下降化、無関心化は強まってきた。残念なことである。

　本が売れない、雑誌が売れないという叫びが蔓延し、「サン・ジョルディの日」の行事が形骸化してきたのは事実である。発足から今まで「サン・ジョルディの日」を支えてくれたエポックに感謝申しあげなければならない。

　1995年ユネスコ総会で4月23日が「世界本の日」と指定された。従って現在、日書連は4月23日を「世界本の日・サン・ジョルディの日」と銘打っている。しかし2009年に日書連は「サン・ジョルディの日」の予算措置を打ち切った。2010年は愛知県書店組合が積極的に「サン・ジョルディの日」に取り組んでいるのは、救いであり、心強い。4月23日の「サン・ジョルディの日」は書店暦上、永久不滅である。愛のお手伝いを書店が出来ることは素晴らしいことである。「サン・ジョルディの日」という出版業界の財産を消してはならない。

2.28　珍しい詩集ブーム

■　日本では珍しい詩集ブームの到来

　第二次世界大戦後、詩のブームは三回あった。第一次は1950年代である。1952年（昭和27年）『新唐詩選』（岩波新書、吉川幸次郎、三好達治著）であり、続いて57年『李白』（『中国詩人全集』7巻、岩波書店）であった。戦後間もなく起こった、中国漢詩ブームにのってベストセラーになったものである。第二次は出版業界でも珍しい詩全集ブームである。

　1967年（昭和42年）に突如として起こった。文学書大手出版社6社が一斉に詩歌全集を発行したのである。『日本詩人全集』『世界詩人全集』（新潮社）、『カラー版日本の詩集』『カラー版世界の詩集』（角川書店）、『日本の詩人』『世界の詩人』（河出書房）、『日本の詩歌』（中央公論社）、『世界の名詩集』（平凡社）、『世界の名詩集』（三笠書房）である。出版史的には1966年まで続いた文学全集のヒットが完結した、その減収穴埋めという伏線があったことも事実である。

　なお、中央公論社は当時『日本の歴史』『世界の歴史』『世界の名著』『日本の名著』『日本の文学』『世界の文学』等々、○○の△△全集で当りに当っていた。『日本の詩歌』も一連のシリーズ全集であった。1967年（昭和42年）9月刊行開始の『日本の詩歌』全30巻別巻1は、巻末の解説にあたる『伝記的肖像』の他に、一段組の本文の下欄に表紙と同じラベンダー色の「鑑賞」欄を付して、各作品理解の手引きとし、さらに口絵として抒情的写真藝術の第一人者浜谷浩の撮り下ろし写真16ページを載せて彩りを添えた。

　書店向けPR雑誌『書店はんじょう』（1967年11月号）では、この全集の詳細な販売分析を行い、従来の全集に比べて、読者層が20代前半と圧倒的に若いこと、女性読者が多いこと、逆に20代後半、40代がウィークポイントであることなど、男女別、年齢別、地方別の詳しいデータを公開していた。筆者は昨日のことのように覚えている。

　本格的な詩のブームは1987年（昭和62年）俵万智の短歌革命によって湧き起こされた。神奈川県立・橋本高校の国語教師の俵万智の書いた『サラダ記念日』が河出書房から出版され、社会的にも注目され、あっという間に280万部

のミリオンセラーになった。

　最初は角川書店から出版されるはずであったが、当時、社長であった角川春樹が、歌集文学は売れないと判断したので、河出書房から出版されることになった。後日、春樹は『人生最大の失敗だった』と後悔している。彼女は一躍時の人となった。現代的な感性で日常をうたった短歌とは『「この味がいいね」と君が言ったから七月六日はサラダ記念日』である。形式にとらわれない新しい現代短歌は、若手の歌人たちに影響を与えたことは言うまでもない。このことがきっかけで現在、7月6日は「サラダの記念日」になった。

　出版界を揺るがせた新短歌の一大エポックは、翌88年（昭和63年）『とれたての短歌です』（角川書店）でも話題をまいた。それは低正味の買切商品として、出版流通に買切制導入として一石を投じたのである。現在の買切志向の源流であった。この本は『サラダ記念日』ほどは売れなかった。

コラム

『サラダ記念日』と恋人たちの記念日

　『サラダ記念日』は、刊行前から話題となり、出版されるや280万部のベストセラーとなったが、初版の発行部数は3000部だった。

　7月6日が日本記念日協会認定の「サラダ記念日」に認定されているのは、表題作でもあるこの歌集に収められた短歌

　「この味がいいね」と君が言ったから七月六日はサラダ記念日

に由来している。このエピソードについて、俵万智さんは、

　「何でもない日を記念日にしてくれる、それが恋。そう思ってサラダ記念日の歌を作った。ささやかな日々を記念日で一杯にしてくれる、それが自分にとっての短歌。そう思って歌集のタイトルにした。何でもない日の代表だった七月六日だけど、選んでしまうと特別になる。今日何があるわけでもないのですが。」と述べている（2011年7月6日、Twitter より）。

　この本から『男たちのサラダ記念日』や『カラダ記念日』（筒井康隆）などの翻案・パロディー作品が出版され話題を呼んだ。1989年にはジュリエット・カーペンターによる英訳版も出版された。

2.29　幻の本の国体

■　後が続かなかった「本の国体」

　1987年（昭和62年）の読書週間に「ブックインとっとり '87 ─ 日本の出版文化展」（本の国体）が開催された。場所は鳥取・倉吉・米子の三地区であった。このイベントが「本の国体」のスタートとなるはずであった。

　しかし翌年から持ち回るべき県は現れなかった。そのために「ブックインとっとり」が "幻の本の国体" といわれるようになった。

　このイベントを詳しくみてみよう。国体の推進者は鳥取県書店組合である。しかし書店だけで出来るイベントではなかった。

　鳥取県、読書推進グループ、図書館関係者、書店、取次、出版社の協力体制によって「本の国体」は全県の盛り上がりとなり、県民の実行委員会が主催した。

　この企画に対して新聞、テレビの協力は絶大であった。特にNHKはNHK教育テレビで1987年10月30日午後8時から一時間番組で本の国体の状況を全国に放映した。会場は鳥取会場、米子会場（メイン会場）、倉吉会場の三つであった。

　内容は多岐に亘っていた。専門図書1万5000冊展示、本・出版・図書館に関する本、全国各地の本、世界の雑誌、書籍は生きている、本が読者に渡るまで、本・アラカルトなどであった。シンポジウム、講演会が三会場で順送りに開催されたことも見事であった。この「本の国体」は読書運動というより読者開発運動だったのである。行事を中心的にリードしたのは永井伸和氏であった。

　筆者の知る限りでは、本に関する行事で "鳥取版・本の国体" ほど充実したフェアはない。成功の原因は永井伸和氏をリーダーとする今井書店の牽引力、地方文化、地方出版にかける情熱、使命感があったからである。

　「本の国体」の第一走者として鳥取県が走ったが、このバトンは残念ながら第二走者に渡らなかった。候補として京都、山形などがあがっていたが、実現しなかった。本来ならばこの精神は、「サン・ジョルディの日」、「日本の本展」、「本の国体」として、業界の三大祭りになるべきはずだったのであるが…。

　2002年鳥取県での国民文化祭で初めて「出版文化展」が主催事業の一つとな

り、2004年の福岡、2006年の山口の国民文化祭で継承されたのは後日談である。

　2012年にNPO法人『本の学校』の理事長に就任した永井伸和氏は、「ブックインとっとり '87」を次のように語っている。

　　本の学校の源は二つあります。一つは鳥取県民のブックインとっとり '87
　　「日本の出版文化展」（「本の国体」）です。県民の実行委員会で、県内三市
　　で模擬図書館をつくり、延十日間に県人口の一割を超す六万七千人が参加
　　した、読書の推進や、市町村図書館や地方出版活動の振興を図る「読者」
　　運動でした。もう一つは、明治大正昭和の生き証人として「ドイツの書籍
　　業学校のような専門職を育てる学校」を、孫三人（今井直樹、田江泰彦、
　　永井伸和）に言い続けた今井書店三代今井兼文の遺志です。
　　（『本の学校』出版産業シンポジウム記録集2011「あとがき」より）

> ### コラム
>
> ## 『本の学校』の横顔
>
> 　『本の学校』は、米子・今井書店の三代目今井兼文のドイツの書籍業学校に学ぶべしという遺志を継ぎ、1995年1月米子市に設立された。
> 　その目的は、市民の読書推進や図書館作り運動である。以来「大山緑陰シンポジウム」や東京国際ブックフェアでの「本の学校・出版産業シンポジウム in 東京」などを開催してきたが、2012年3月1日「本との出会いと、知の地域づくり」を目指し、より中立的で、著者から読者まで横断的な特定非営利活動法人としてスタートした。
> 　米子の『本の学校』には研修室、多目的ホール、談話室、子ども図書室、本の博物室、図書室がある。『本の学校』の主な活動は「生涯読書活動」推進事業、「出版の未来像」創造事業、「出版業界人」育成事業、「学びの場」拡充事業である。本の学校の連絡先は、次のとおり。
> 　　〒683-0801　鳥取県米子市新開2-3-10
> 　　TEL　0859-31-5001　　FAX　0859-31-9231
> 　　メールアドレス：info@honnogakko.or.jp

2.30 ネット書店の先駆け「本の宅急便」

■ インターネット書店の先駆けとなった「本の宅急便」

書店とネット書店の共存する今日、前者は下降、後者は上昇と対照的である。具体的にはアマゾン・ジャパンの一人勝ち、それを楽天らが追っている。

アマゾン・ジャパンは2000年のサービス開始以降、売上げを伸ばし2008年には1000億円を超えたという。同社は経営数字を一切公表しないので、米アマゾンの発表から日本法人の販売額を予想するしかない。

日本でネット書店が本格化したのは、インターネットが普及し始めた1995年頃からで、95年にTRCと丸善が始めたのが最初である。

それよりも約10年前に、欲しい本を早く手に入れたい読者の声に応えて誕生したのが、ヤマト運輸と栗田の合弁会社「ブックサービス」であった。自宅から注文して本が届けられる「本の宅急便」というサービスは、当時は新しい流通ルートとしてマスコミにも多く取り上げられた。

この事業が業界を刺激し、新たな3つのルートが形成された。(1)運送業者＋取次、(2)大手書店、(3)出版社直取引 である。

(1)のケースでは三省堂書店と西濃運輸による「ブック急便」、紀伊國屋書店と日本通運の「クイックサービス」、日販と日宅便の「本モノ便り」などがあった。その他、大手書店では旭屋書店（大阪・東京・札幌）、丸善（福岡・札幌）、有隣堂、アバンティブックセンター、ジュンク堂書店も取り組んだ。毛色の変わったところでは、模索舎が中心となって設立された「ほんコミュニケート」で、専門書の産直便である。ペリカン便と提携した独自の展開である。

もう一つ変わったところでは、倉庫会社の三信倉庫が日本通運と組んで本の宅急便「BOOKSあすよむ」を88年1月に開設した。これは契約出版社の本を常備で預かり、新聞広告を打って電話注文を受けるシステム。すでに倉庫に商品があるので、翌日配達できるというのがメリットであった。

私見であるが、取次倉庫においても、この方法で注文を取ることができないものかと思ってしまった。共同広告でもよいのではないか。これらのサービスで抜きん出ていたのは「ブックサービス・本の宅急便」と三省堂書店の「ブック

急便」であった。宅配便の注文方法は電話、ファックス、葉書（専用葉書もあり）。支払い方法は着払いかクレジットカードである。

　こうした読者からの直接注文の方法が、電子に置き変わったのが現在である。ネットが無い時代からブックサービスが進めてきた「本の宅急便」という仕組みは少しずつ読者に広まっていた。「本の宅急便」が今のネット書店全盛の礎を築いた影の立役者ともいえるだろう。

コラム

初期のブックサービス

　ヤマト運輸と栗田出版販売の共同出資による書籍宅配会社、ブックサービス（株）（本社＝東京・本郷、遠藤英男社長）は、1988年5月よりヤマト運輸の主管支店（全国43カ所）に書籍の受注センターを設置し、本格的な全国受注ネットワークづくりに着手していることを明らかにした。

　ヤマト運輸の「宅急便」を利用して、注文書籍を一律300円（代引き手数料込み）で3日〜7日で届けるブックサービスは、86年11月、岡山県でスタートした。87年初めより中国五県、同年五月より首都圏と営業エリアを広げた。従来の受注システムは岡山主管支店―東京主管支店―ブックサービス本社―栗田をオンラインで結んだもので、中国地区と首都圏の受注体制は確立された。

　新システムはブックサービス―ヤマト主管支店―同支店・営業所（全国1200余カ所）の販促受注を強化するとともに、「宅急便」取扱店（約20万カ所）にも書籍の積極的な受注を働きかける。受注方法は「宅急便」取扱店のうち希望者に注文葉書を常備してもらい、これを支店・営業所が回収し、主管支店が集約してファックスでブックサービスに発注する。「宅急便」取扱店には他の荷物同様の手数料が支払われ、ヤマト運輸にもブックサービスが一定の手数料を払う。ブックサービスは、書籍受注に協力する「宅急便」取扱店数を、当面全体の2、3割と見込んでいる。

2.31　日記、手帳のルーツ

■　日記、手帳のバトルは戦前にもあった

　日記・手帳が季節商品から年間商品になりつつある。それは書店にゆくと、いつでも並んでいる情景を見るからである。この現象はメーカー側の頑張りで4月始まりマーケットを開発したからである。確かに学校の先生や、公務員、大手企業の節目が4月にあることは事実である。

　日記・手帳が出版物として注目されるようになったのはここ数年である。しかし日記の歴史は驚くほど古い。日記帳の出版は1878年（明治11年）大蔵省紙幣局によって懐中日記（当用日記）が発刊されたのが最初である。その後、博文館から1895年（明治28年）に懐中日記、翌年からは当用日記が刊行された。つまり日記の出版は民間出版社の手に移った。

　1937年（昭和12年）には博文館の日記類は35種を数え、この当時第一次の日記戦争があった。すなわち、1933年〜36年がその時期である。この期間に日記発行出版社、出版点数はうなぎ昇りに増えた。1933年は41社、162点であったものが、11年は67社、221点に乱戦模様になった。当時の『出版年鑑』を見ると文藝春秋社（文藝自由日記）、南江堂（独文日記）、春秋社（軍隊日記）などの出版社も日記を発行している。

　戦前の東京堂発行の出版年鑑には、出版図書目録、雑誌総目録と対等に日記類目録が掲載されている。現在の出版目録には日記類出版物の出版データは全くない。したがって、現状の日記・手帳バトルは数値的に把握できない。

　当時の日記戦争は、1936年（昭和12年）に決着がついた。それは1936年当時、日記の四大出版社であった博文館、三省堂、積善館、国民出版社と京阪神の有力販売店25名が会合、日記買切制について協議し、次のことを決議した。

1.　協会発行の各種日記は絶対返品不可とす
2.　百貨店の供給は協会の主旨に基づき納入について協議の上調節を図る
3.　発行元は日記の残品を見切品に出さざること

　2012年版の日記・手帳の発行出版社数は総計60社である。日記出版13社、手帳出版54社である。日記の総発行点数は173点で、出版社別では博文

館新社79点、集文館49点、高橋書店21点などである。手帳の総発行点数は907点で、出版社別では日本能率協会マネジメントセンター221点、高橋書店171点、生産性出版150点、博文館新社119点、産能大出版部66点と続いている。店頭状況では手帳主流であることは否めない。

コラム

日記の歴史

　日記の歴史を紀田順一郎監修『本の情報事典』（発行元：出版ニュース社）から見てみよう。

　「わが国における日記帳の出版は、1878年（明治11年）〜79年、内閣印刷局がまだ大蔵省紙幣局といわれていた時代にその所管の活版局によって、「懐中日記」「当用日記」が刊行されたのが最初で、その後博文館によって1895年（明治28年）に「懐中日記」翌年から「当用日記」の出版が開始された。博文館発行の日記類は、1937年（昭和12年）には35種を数えたというが、今日では博文館新社をはじめ、集文館、高橋書店等、手帳を含めれば60社以上の出版社が手がけている。日記専門出版社は博文館新社だけで、大多数の出版社はふつうの出版を行い、かたわら日記や手帳も出すところが多い。」（紀田順一郎監修『本の情報事典』）

　この多彩な日記の種類を分類すると、当用日記、自由日記、趣味日記に分けられるが、一般的には当用日記が主流である。英文日記や鍵つき日記、小学生日記などもある。最近流行っている日記に連用日記がある。3年、5年、10年連用日記がある。連用のよさ、楽しみは、昨年、一昨年がどうだったのかすぐに思い出せることである。高齢者の愛用が多いと版元が言っているが、中堅ビジネスマンで使用している人もいる。営業成績の暦年変化、企画の変化がわかってよいという。

　日本人は日記好きである。海外書店で日記、手帳、家計簿が集められた陳列に出会ったことはない。ダイアリーは単独で売られている。10月を過ぎるとカレンダーの陳列、販売が物凄い。観光地では一年中カレンダーフェアをしている。日記は日本文化だと思った。

2.32　読書週間標語

■　読書週間標語

　読書週間が毎年秋にやってくる。週間といっても実際は2週間の業界行事週間である。日本の読書週間は1924年（大正13年）11月1日〜7日に日本図書館協会が主催したことが始まりで、1933年に図書館週間と改称された。

　戦後1947年（昭和22年）、日本出版協会が主体となり、戦前の読書運動の復活として11月17日〜23日に東京、大阪、京都、名古屋、福岡等、主要都市で盛大に行事が行われた。翌年から文化の日を中心に前後2週間行われる様になった。

　読書週間につきものは読書週間の標語である。第1回は「楽しく読んで　明るく生きよう」、第2回は標語なし、第3回は「おくりものには　よい本を」であった。1954年第8回「みんなで　本を読みましょう」以降2011年64回「信じよう、本の力」まで毎回標語は継続されている。

　標語が設定された56回の回数の中で、標語のキーワードでは「読書」と「本」がそれぞれ24回、24回と頻度数では圧倒的に多かった。次は「読む」7回、「一冊」4回、「ページ」3回　であった。

　「読書」は1955年〜1971年と復興期から高度成長期に多く使われた。例えば62年「きょうの読書は　あすへの希望」、66年「みんなの読書で明るい家庭」、71年「よい社会　ひとりひとりの読書から」などである。

　「本」は72年から2000年あたりまで多かった。72年「みんなに本を」、76年「本との出会い　ゆたかな時間」、89年「秋が好き。街が好き。本が好き。」、96年「ホンのムシって　どんなムシ！？」、2000年「はじまりは一冊の本だった」などである。

　「読む」は88年が初めてである。「昔を読む　今を読む　未来を読む」であった。95年「本を読んだね！　いい顔してるよ」、05年「本を読んでる君が好き」などである。

　2008〜2010年は上記のキーワードはなかった。08年「おもわぬ出会いがありました」、09年「思わず夢中になりました」、10年「気がつけば、もう降り

る駅」であった。読書を連想させたり、本はよいものだと思わせるフレーズが多くなった。

一番長い標語は　1997年「読みたい本を読めばいい　読みたいように読めばいい」（23字）である。短い標語は、72年「みんなに本を」（6字）、2011年「信じよう、本の力」、55年「読書は人をつくる」で、02年「ホントノキズナ」などある。語呂合わせ的な標語もある。01年「夢中！熱中！読書中！」、84年「秋です　本です　読書です」などである。

2013年は「本と旅する　本を旅する」と決まった。果たして、2014年の標語がどんな形式が楽しみである。

コラム

こどもの読書週間

読書週間といえば秋の読書週間である。文化の日を中心に2週間に亘って行われる出版界の行事である。出版文化の向上と読書意欲、愛書精神の高揚などを指標としたものである。

一方、春にも読書週間がある。こどもの日を中心に二週間行われる業界行事である。こどもの読書開発を目指しての行事である。1959年（昭和34年）、日本書籍出版協会（書協）児童書部会が主催したのを第一回とし、翌年から日本読書推進運動協議会（読進協）の一事業として日本新聞協会、日本PTA全国協議会、全国市町村教育委員会連合会など5団体の後援のもとに継続主宰された。例年、標語を掲げたポスター、広報用の資料などを全国に頒布し、地方読進協とともに読書相談、こども読者大会、講演会、懇親会その他、各地域における行事および活動が実施されている。

現在、こどもの本の関連では、日本児童図書出版協会、全国学校図書館協議会、国際児童図書評議会（International Board on Book for Young People 略称IBBY）、絵本・日本プロジェクトなど各種の団体がある。

それぞれの団体に共通する理念は、こどもの読書環境をよくすることである。こどもの読書週間は、こどもの本の実践運動の機会である。読み聞かせなどそのよい例である。

コラム

出版業界のピーク数字

2012年の数字をピーク時の雑誌販売額と比較すると、62.9％と激減している。雑誌返品率は、201.6％と2倍になった。文庫の新刊点数は依然活発であるが発行点数は今がピークか？ しかし販売額は90.7％である。

項目	最高金額	最高年	2012年現在	対比
出版物販売金額	2兆6563億円	1996年	1兆8042億円	67.9
書籍販売金額	1兆0931億円	1996年	8,198億円	74.9
書籍販売部数	9億4300万冊	1988年	7億0013万冊	74.2
雑誌販売金額	1兆5644億円	1997年	9,844億円	62.9
雑誌販売部数	23億0700万冊	1996年	19億8970万冊	50.8
書籍新刊点数	82,035点	2010年	75,810点	92.4
雑誌発行点数	3,864点	1989年	3,376点	87.3
雑誌発行部数	43億8056万冊	1999年	30億1732万冊	58.1
文庫新刊点数	8,681点	2012年	8,681点	100.0
文庫販売金額	1,454億円	1994年	1,319億円	90.7
文庫販売部数	3億0400万部	1992年	2億1229万冊	69.8
新書新刊点数	3,510点	2002年	3,408点	56.1
新書販売部数	5,625万部	1990年		
コミックス販売金額	2,602億円	2005年	2,253億円	86.5
ムック販売金額	1,355億円	1997年	1,051億円	77.5
ムック新刊点数	8,762点	2010年	8,751点	99.8
書籍返品率（最小）	27.20％	1974年	37.60％	138.2
雑誌返品率（最小）	17.90％	1974年	36.10％	201.6
書店数	28,216店	1988年	14,696店	52.2
出版社数	4,581	1948年	3,734社	81.5
取次会社数	44社	1998社	28社	63.6
日販販売金額	8,157億円	1997年	5,895億円	72.2
トーハン販売金額	7,972億円	1996年	5,039億円	63.2
大阪屋販売金額	1,281億円	2008年	1,199億円	93.5
栗田販売金額	701億円	1991年	442億円	63.1
太洋社販売金額	486億円	2005年	353億円	72.6
日教販売金額	426億円	2001年	363億円	85.2
雑誌広告収入	4,842億円	2005年	2,542億円	52.4
出版広告費（出広）	1兆9193億円	1991年	8,949億円	46.6
CVS 本販売額	5,300億円	2002年	2,617億円	49.3
CVS 店舗数	50,355店	1998年	47,190店	93.7

第3章

出版流通と技術革新
―出版 VAN と取次のハイテク化―

この章の概要

　1990年一本の電話によって日本の出版流通インフラは始動した。91年（平成3）1月に出版 VAN 出版社連絡会が、出版社の有志によって設立された。出版界発展の曙である。この動きは書協を巻き込んだ。

　出版 VAN がテスト送信の形で始動した91年から12年後の2003年（平成15）4月にインターネットをはじめとする通信環境の変化や電子データ交換（EDI）に対応する、書協主導の新出版ネットワークがスタートし、今日に至っている。

　取協の中に日本出版データセンタ（JPDC）が設立され、03年に JPDC は日本出版インフラセンター（JPO）に変更された。近刊情報や IC タグ導入は JPO の活動の一分野である。

　VAN が始動する以前に大手取次のシステムは稼働していた。しかし出版業界 VAN とはネットワーク化しなかった。それは取次ごとに異なる業者の VAN を介していたからである。その中でも日販の IT 化はつねに先行していた。「NOCS」の開発、「トリプルウイン」の始動は書店、出版社に福音であった。日販の IT 革命は業界を動かし、発展を続けている。

3.1　出版 VAN の黎明期

■　出版業界 VAN の歩み

　1990年（平成2年）秋、1本の電話がかけられてきた。その電話こそ、その後の出版業界 VAN の運動にかかわる重大な意味を持つ電話であった。

　その電話を掛けた人物は講談社営業局に所属する永井祥一、受け取った人物は小学館の販売部に属する黒木重昭であった。電話で語り合う二人の顔合わせも異例であったが、その内容はさらに衝撃的であった。

　「出版物、中でも書籍の流通をスムーズにするためのデータのやりとりをコンピューターでやりたい。1社だけでは取次も書店もメリットが少ないから、共同でやれる方法について一緒に考えないか」ということが伝えられた内容であった。世間ではライバル同士と言われている音羽から一ツ橋への提案。「並々ならぬテーマだと思いながらも、そうならねば出版物の流通は改善できない」と瞬時に判断した黒木は、その電話で次に会う日を即答した。

　永井の記録によると1990年10月25日小学館（一ツ橋グループ）に VAN を説明（於：小学館）とある。「話の中身がよく分からないまま会うことでもあり、小学館でも限られた顔ぶれで話を聞き、併せて集英社も同席してもらっていた方が話は早い」と考えたことをつい先日のように黒木は思い出している。

　記念すべき日であった。その日、講談社から小学館を訪れたのは、システム担当の小澤基伸と前述の永井の二人だけであった。

　記録にはその後「主要出版社への VAN 説明」という日が続いていく。説明に各社を訪問したのは小澤、永井の二人だけであった。のちに永井は打ち明けるのだが、もともと講談社では「出版物流情報を取次とオンライン化しなくてはならない」と取次各社と協議し始めていた。しかし取次各社からも「1社だけではもったいない、出版界全体の情報化を図らなくてはならない時代が始まっているのではないか」という意見が出始めていた。

　ではまず一ツ橋の考えを聞いてみてはどうかと試みたところ、案外すんなりとテーブルに着くことが実現した。それに勇気を得て「他の出版社も説得しようとし始めたのだ」ということであった。

VAN とは Value Added Network の略である。付加価値通信網と訳する。インターネットが普及する前の時代、グルーピングされた多くの登録者が定められた形式に従ってデータを互いにやり取りをする手段として用いられていた。

大量のデータを複数の相手先に送るには個々の作業を簡略化し高速に送る必要がある。出版界の場合、出版社がそこで発行された出版物のデータ、すなわち書名、著者名、判型、ページ数などのような書誌的情報と、発売日、配本数、定価、在庫状況、重版状況などのような流通情報を、各社バラバラの形式ではなく一定のフォーマットに従って登録し、VAN を運営する情報処理会社の大型コンピューターに送る。

そこに入れられた各社の情報は、各社の指示に従って取次など情報を受け取る側に配信される。ルール通りに動けばその日に作られた情報は翌日には取次で活用、加工もされて書店にも伝えられることになる。

また、注文などの情報も逆の流れで素早く伝えられる。それまでのスリップに頼る流通情報のやりとりとは格段にスピードアップされ、出版社、取次、書店、読者が持ち続けている欲求不満を一気に解決できる手段として、業界全体でぜひまとめたい情報流通の手段であった。

その後, 訪問を受ける出版社も「出版物の流通改善には情報の流れをスムーズにしなければならない」という理念に賛同する者が多く、現場の改革要求は少しずつではあるが動きを見せ始めていた。また、話を聞いた各社の中からから、真摯に情熱を燃やす人も現れ始めていた。

VAN の構想が語られ始めてまだ 5 ヶ月くらいしか経っていない時期である。講師をつとめる者もまだ VAN という機能がよく分からないままであったが、「出版物流を何とかしなくてはならない」という熱気は会場を埋め尽くし質問も飛び交った。

語る方も覚束ない知識、聞く方はさらに知識は乏しいという状態であったが、共通する思いは「欲しい本が手に入れにくい、やたら待たされる、注文した本が有るのか無いのかも分からない、いつ入手出来るのかぐらいは教えて欲しい」というような読者や書店の切実な願いを解決したい、という出版社の現場の声であった。嬉しいことに、この第 1 回の説明会に、出版社を代表して当時まだ副社長であった新潮社の佐藤隆信氏が挨拶をしている。若手、気鋭の出版人がこの運動に共鳴してくれたことは、運動を推進するメンバーに勇気を与えた。

3.2　動き出した「出版VAN」

■　「出版社説明会」に230社、450人が参加

　この年の記録をもう一度ひもといてみよう。さっそく呼応した各出版社からの出席者の名前がひんぱんに挙がってきている。

　浅井（文春）、菊地、田中、平川（筑摩）、小島（集英社）、鈴木、深澤（新潮社）、高橋、田村（徳間）、夏目（角川）、中川（光文社）、西沢（アスキー）、本間（学研）、吉田、山本（中公）などミーティングに参加する取次の担当者も多数いた。こうした人びとが初動には大きく貢献していた。

　2回目の動きは素早かった。講談社の会議室に取次からはトーハン、日販、大阪屋、栗田のシステム関係者が集まり、出版社からは小学館、新潮社、徳間それに座長的な役割の講談社が加わり合計8社でのミーティングがスタートした。出版社の販売現場をよく知るメンバーから出版社の実情と、必要とされる情報の中身などが述べられ、取次からは各社の抱える問題や課題、そして共通化しなくてはならないならないテーマなどが熱く語られる会議がスタートした。一方ではより多くの出版社がこの運動を理解し参加してくれるようにとの地道な説明活動も続けられていった。

　年が改まり1991年1月28日にはVANに参加してもいいと考える出版社が小学館の講堂に集まり、「出版VAN出版社連絡会」が設立された。このとき連絡会に名前を連ねた出版社は13社を数えている。この頃になるとVANを出版社に説明するという啓蒙活動も、講談社の小澤、永井の2人だけから連絡会に所属する出版社の有志が都合をつけながら受け持つようになっていった。

　大きく動いたのは同年2月20日である。第1回目の「出版業界VANについての出版社説明会」が230社450名の参加を得て出版会館で開かれた。

　1992年、この短い1年間は出版業界VANにとっては大きな1年間であった。記録によると多くの出版社に集まってもらって開催した「出版VAN参加のための出版社説明会」は5回を数える。在阪版元のための説明会を大阪屋の本社会議室を借りて開いたことも記録されている。運動は全て手弁当であった。会場費を捻出することも出来ず、説明会の多くは出版社で大きな会議室を持つと

ころにお願いをして無料で貸してもらい、案内、受付から配付資料なども全て仕事の合間を縫いながら作っていた。

　それぞれの社では、このVANによるデータのやりとりという業務はまだ正式に了解されていたわけではなく、実験や研究という名目で上司の暗黙の許可を得ながら、通常の業務に支障を来さないようにやりくりをする、というのが運動の推進の中心にいた者たちの自覚であった。

　運動を続けながらVANで行う実務的なことも積み上げたのがこの1年でもある。活動を活発化するために連絡会の中には分科会が作られていった。組織運営、普及促進、システム、活用研究などという役割を4つの分科会が分担した。在庫状況を表現するための在庫ステータスも14通りに決められた。

　データフォーマットも10月には決められている。この10月の連絡会参加出版社は91社、在庫公開を始めた出版社数は11社、11月には参加出版社数は93社、接続をした出版社は16社と増え始めていた。運動の開始から2年足らずのうちにこれだけの成果を上げ、この後、VANは次第に実際に使える機能として出版界に受け入れられていくようになる。まだ参加出版社は少ないながらも新刊情報や定価改定情報までも送られるようになっていった。

　新潮社はこの1991年8月に書籍バーコードの表示を始め出版各社に驚きを与えた。集英社も翌1992年1月の新聞広告でISBNを表示し、出版物がいよいよ本格的にコードを媒介として情報流通をスムーズ化するという時代の到来を告げていた。

　出版VANの設立を呼びかけた講談社の永井祥一氏は、その著書『データが変える出版販売』（日本エディタースクール出版部、1994）の中で、「出版VANとマーケティング」にふれ、次のように述べている。

　「現在進行中の、出版業界VANの意義を一言で言えば、書店の店頭サービス提供率をいかに上げ、それによって読者の信頼をいかに回復するかということにあるでしょう。何度も本を注文したことのある読者は、本を注文して取り寄せるということ、在庫の有無や、迅速に注文品が届くかどうかについて、むしろ諦めているのではないかと思います。こうした不信を払拭していくことが、業界の大きな課題です。そして、読者に対してこの店頭サービス提供率を高めるために、出版社と取次と書店が、情報のネットワークを作り物流を伴った形で協力し合っていこうとするのが、出版業界VANの目的です。」

3.3　出版 VAN が掲げた理想

■　出版 VAN が掲げた理想はいずこへ

　出版業界 VAN は活動を開始し始めた3年間くらいが、最も充実した議論が行われ活動も伴っていた時期でもある。

　本格的に運営協議会がスタートするにあたって、VAN のもたらすメリットが、以下の5点に集約され高らかに謳われている。

（1）業界統一商品コードの活用

（2）受発注時間の短縮

（3）流通在庫の明確化と適正化

（4）マーケティング体制の確立

（5）共同開発による経済効果

　こうしたスローガンは1992年に述べられているのだが、目を覆わんばかりの出版不況が訪れている今になって見直してみると、この時期に掲げられた目標が十全に達成されていたならば、もう少し形の変わった出版界を形成したのではないか、と思われてならないことばかりである。

　出版業界 VAN の活動は1993年以降もねばり強く続けられた。業界の変化を敏感に感じ取った人が共同の巨大流通センターを構想したり、システム改革に積極的な取次に某大手書店が取引先を変えるという事件が起こったりするなど、いくつかの波紋を生み出すこともあった。

　そのため、取次の足並みが揃わなくなり運動にブレーキをかけられるという悲しい面も見せ始めた。見かねた書協ではなんとか業界全体の改善のためにと「情報流通推進委員会（情流推）」を作り、それまで出版界の有志によるボランティア的活動のエネルギーによって支えられていたものを、公式の場に置き直して議論をするという努力をしたのであった。

　結果的には取次において情報流通に対する価値観と先見性の差が出、その後の出版界の物流は大きく変化を遂げていくことになる。それはその後の出版流通史をひもとけば明らかであろう。

　今でも、この VAN による情報流通をそのまま活かして作業が続けられてい

ることも形としては残されている。また、情報の整備こそが流通をスムーズにするのだ、ということがこの VAN によって学ばれ後進に伝えられていった。このことこそがこの活動の残した最も大きな遺産ではないだろうか。

　当時、VAN の活動に情熱を燃やし手弁当で活動していた出版人たちの多くが定年を迎えて業界を去っている。その人たちは、今の出版界の低迷をどのように見つめているのであろうか。

コラム

役目を終えたスリップ

　書籍やムックに挟まれているスリップの存在がすっかり薄れた。電子発注時代になったので、ビジネスレターであったスリップは無くても困らない時代になった。昔のことを今一度振り返ってみよう。スリップは短冊（たんざく）とも呼ばれ「販売記録、販売回数記録、注文票、ピッキング指示、注文品送付票、事故伝票、報奨金制度」など多目的に使われてきた。

　小売書店が本の販売時に、本にはさまれているスリップを抜き取って、注文カードと売上カードに分けて販売管理に使用していた。片面は自店の番線印（書店印）を押して取次に送る貴重な発注カードであった。もう片面は売上カードであるが、文庫や実用書は金券的存在であった。出版社に送ると、一枚につき何円という報奨金をもらえる。

　POS レジの現在、販売時点で二段のバーコード（ISBN と二段目の価格コード）を読むだけで、発注機能、売上記録機能が完了してしまう。つまりスリップの注文カード、売上（報奨券）カードの機能はすべてマシンが代行してくれるのである。

　出版社がスリップを装填するにはコストがかかっている。その上返品された時には再装填のためにコストがかかる。止めてしまってはいけないのか？　万引逮捕の時の証拠品がなくなるのは困ると書店から苦情がでるかも。スリップの無い本は返品は取りませんという出版社の言い分もある。形骸化したスリップをどういう形で残したらよいのか、今考えなければいけないだろう。

3.4　取次のハイテク化

■ 「日販60年のあゆみ」「飛翔─トーハン50年の軌跡」に見るハイテク化

　日販は1964年（昭和39）当時担当役員であった杉浦俊介常務が「手仕事中心の取次屋ではなく、真の営業マンとして、商業人として活躍する時間ができた」といっている。これは12月に「電子計算室」が開設されコンピュータの始動したことを指す。機種はユニバック1004であった。日販にとって記念すべき年であった。

　1968年にはIBM-S360-40を導入し、雑誌・書籍の送品伝票から託送書の作成まで一貫したシステムを完成させた。1974年には9000坪の社屋の王子流通センターが完成した。そこでは日販と椿本チェーンの共同開発による「スピーカーソータ（高速自動仕分装置）」が設置され、1時間に2万冊の書籍が仕分けされていた。雑誌注文起票、仕入納品書がオンライン処理できるハイテク機器にはIBM-5370-145および370-135が導入された。この年に書籍新刊配本システムも完成している。

　1976年にはシャープHAYAC5000が導入され書籍注文伝票の作成業務が稼働した。日販出版情報検索システム「NIPS」がさらに多機能化された「NOCS」は業界発のVANとして開発されたもので、1984年は日販にとっても、業界にとっても流通革新の年だった。

　「日販オンライン・コミュニケーション・システム（NOCS）」はVAN業者最大手の日本情報サービスおよびインテックと提携し、2社のネットワークを利用するものである。当面は（1）出版情報検索システム（NIPS）、（2）注文業務システム、（3）情報提供システム、（4）雑誌販売管理システム、（5）書店外商システム、（6）出版社システムで開始し、そのほか書籍販売管理システム、POSシステムを開発中と発表した。翌年の85年には本格的SA化実現に対応して開発された、書店専用の「POSレジシステム」が完成した。87年には書店総合SAであるハンディターミナルが開発され、書店現場に福音をもたらした。日販の情報システムの拡充は留まることがなかったのである。

　王子ハイテクセンターでは「自動仕分機」「新・雑誌注文処理システム」も完

成した。練馬流通センターでは版元返品伝票システムが稼働し始めた。当時の日販のハイテク化の勢い、熱意は自他共に認められるものであった。王子は発信・物流の基地であり、営業はバックの王子を全面的に信頼していた。つまり、"物流は王子、営業は支店"と棲み分けが出来ていた。1990年には王子流通センターの雑誌自動整品ラインシステムが稼働した。

　書店SA化の第二の福音は1991年に発表されたNEO FILE（Nippan Electric Order File）とNEO Fileコミック版であった。このPOSシステムは書店トータルシステムである。入庫管理、商品管理、返品管理、経理管理など書店業務全般を機械化し、総合的に管理したものである。書店応援システムは続いたのである。95年「日販ていばんシステム」と「PC-NOCS Ⅱ」による注文品追跡システムである。99年の「本やタウン」は書店参加型の書籍インターネットサイトは書店の負担が少なく、メリットは大であった。2000年から実施されたモバイル営業体制の書店訪問スタイルは営業革命であった。

　第二のシステム革命は2001年のトリプルウインである。日販は流通データを開示しマーケットニーズに応じた仕入・配本を行う。そして書店は日販のSA機器を通して店頭売上データ・在庫データを開示する代わりに、SA機器によるサービスメニューや的確な店舗オペレーションの提案を受ける。こうした三者がそれぞれに有益な取引をして、互いに実りを獲得してゆく。これがトリプル・ウインである。21世紀になっても日販の攻勢は続いた。出版社向けWebサイト「WIN」の開発、業界SCMに向け情報インフラの拡充、NOCKS9000発売、HonyaClubがスタートし、そして会員は300万人を超えた。直近ではPOSレジ「NP」の開発があった。

　トーハンは1969年（昭和44）HITAC8300の大型コンピュータを導入した。89年「TONETS」が稼働し、トーハンと書店間をオンライン化した。95年書店支援の新しい情報システム「NEW-TONETS」を発表した。同年「新雑誌発送システム」が稼働した。99年「イー・ショッピング・ブックス」が立ち上げられた。また、2007年10月には、書籍の注文品流通を集約した総合流通センター「トーハン桶川SCMセンター」を全面稼働させた。

　大阪屋は84年「OPAS-NETシステム」を開発した。栗田は85年「KINS」を発表した。大阪屋は95年関西ブックシティ（KBC）が稼働、2009年栗田出版と業務提携し、東京にOKCの物流拠点とシステムを立ち上げた。

3.5　出版情報流通の歩み

■ 『日本総合図書目録』から『これから出る本』の創刊まで

　読者に対して出版業界の抱えてきた問題は出版情報をいかに流通させるかということであった。この問題はすでに明治時代から始まっていた。1906年（明治39年）には、東京書籍出版営業者組合は「図書総目録」を発行し、読書家の求めに応えている。以来「図書総目録」は1940年（昭和15年）までに9回刊行されている。出版業界の流通問題は「情報流通」と「出版物流」に分けられる。出版物流は取次と書店の問題であるが、「情報流通」は出版社の責任と考えられていた。

　業界が「情報流通の整備」として最初に手がけたのが『日本総合図書目録』である。これは日本書籍出版協会（書協）が創立時（1957年）から4年かけて完成させたものである。内容は「自然科学書編」「人文・社会科学書編」「文学・芸術・語学書編」「生活・厚生書編」「学習参考書・辞典編」「児童書編」の6ジャンルの分冊目録であった。1975年2月、書協は出版開発特別委員会を設置し、ここから生まれたのが『これから出る本』（76年）である。1970年代は高度成長経済の真っ只中であった。出版界も新刊書籍発行点数は激増した。書店も多店舗化、大型化が進行した。取次も流通システムの強化に努めた。

　こうした本の売れる環境であったが、実際には読者の要望と書店店頭の新刊のアンマッチが発生していた。書店員が読者に新刊の質問を受けても答えられない状態が続出した。書協はこの対策として、新刊の刊行予定情報を広く告知するツールとして『これから出る本』を創刊した。B5判、16ページ、月2回刊。内容は2〜4週先の新刊の書名、著者名、シリーズ名、内容、定価、出版社名、判型、ページ数、読者対象、ISBNなどの書誌情報である。読者に無料で配布した。

　1977年10月『日本書籍総目録』1977〜78年版が創刊された。書籍18万7668点、出版者2156者、「書名」と「索引」のB5判2分冊、2856ページ、定価2万3000円、初版6000部。発売後の反応は好評で、3刷まで重版して8800部を完売した。スタートの良かった「書籍総目録」は、97年9月に開設された書籍検索サイト「Books」が、「総目録」データを無料公開したことによって、

1万ページの部厚い高額な冊子目録の存在は影が薄くなった。その後 CD-ROM を合体させたが販売部数は回復せず、「2004年版」のセット販売をもって、「総目録」の発行を中止した。

書協は1997年（平成9年）9月インターネット時代の読者の要望にこたえるため、書籍検索サイト「Books」を無料公開した。読者は、書名、著者名、出版社名から「いま、入手可能な本」を一覧できるようになった。2000年4月、書協は『日本書籍総目録』をもとに構築した流通対応型の「データベース日本書籍総目録」のデータ提供サービスを開始した。

書籍データベースは入手可能な書籍をほぼ網羅し、約90万点（2013年9月現在）を収録している。書籍データベースでは、出版社から「必要最小限の書誌情報」である ISBN、書名、著者名、発行年月、版型、ページ数、本体価格、長期品切れ、絶版情報のほか、39項目のデータ提供を受けている。

■ 日本インフラセンター JPO 設立と近刊情報センター

2002年4月書協は「出版情報および出版情報システムの基盤整備」を目的に日本出版データセンターを設立した。03年日本インフラセンター JPO に改組・改称した。2010年 JPO は「近刊情報センター構想」を発表した。

新刊書の発売前に「著者」「タイトル」「定価」などの基本情報を同センターのサーバーに落とし込み、書店に提供したうえ店頭、外商で事前予約が取れる環境を整備する。出版社では事前リサーチを図り、需要予測の精度を上げて返品削減に結び付ける狙いもある。この書誌情報は ISBN の付いた新刊書に限定されている。発売後は削除される。

構想の具体策として、出版社は同センターのホームページに公開するフォーマットに新刊書の書誌基本データを書き込む。基本情報は ISBN など46項目あるが、必須は19項目。また表紙やチラシ、注文書などの画像も3点まで表示できるようにし、店頭での POP などに活用できるようにする。発売2ヶ月前から近刊情報を受付けてサーバーで管理し、書店やネット書店、取次会社で広く活用することを呼びかけている。2013年8月現在、出版社416社、10団体が登録、91書店、12取次、18団体が書誌情報の利用登録を行い、書店での活用が増えてきている。発売前に書店の自主的な仕入（事前予約）を吸い上げることで、返品率の減少につなげたいものである。

3.6　ICタグ導入のゆくへ

■　書店における万引き被害とICタグの導入

　ICタグの研究の推進は、日本出版インフラセンター（JPO）で行われている（ICタグは、電子タグ、無線タグ、RFタグ、RFIDタグなどとも呼ばれている）。

　ICタグの活用は、物流管理はもとより委託制と併用できる「買切や責任販売制」などの多様な取引条件および「時限・部分再販」などの取引管理までを含むシステムを構築することである。当初は書店店頭における「万引き防止の切り札」として期待され研究が始まった。平成15年にICタグ研究委員会・書店部会が14店、1161店舗で行った調査から報告してみよう（**表3.1**）。

　表3.1のジャンル別の被害額から、コミックの被害が甚大であることがわかる。従って電子タグ導入のステップとしては、「コミック」から導入したらよいと答申している。次に写真集の万引率が高いことがわかる。この2ジャンルが狙われるのは換金性が高いことが考えられる。

　ロス率が経常利益率の3倍以上であることも注目しなければならない。このデータは顕在万引きであるから、潜在万引を考えると気の遠くなる話である。

表3.1　万引きの事態調査

万引きの実態	比率	ジャンル別被害額		
顕在万引ロス	1.67%	ジャンル	金額	冊数
潜在万引ロス	71.97%	コミック	40.7%	67.8%
その他（伝票ミス、返品不能品）	26.36%	一般書	10.6%	5.3%
計	100%	専門書	8.8%	1.3%
顕在化の万引の目的	比率	文庫・新書	4.0%	6.3%
換金	34.3%	雑誌	2.8%	4.0%
読みたかった	44.9%	写真集	33.0%	15.3%
スリル	2.4%	計	100%	100%
その他	11.3%			
わからない	7.1%			
計	100%			
平均総ロス率と平均経常利益率	比率			
対売上　平均総ロス率	1.91%			
全国平均経常利益率	0.6%			

なお、上記書店部会14店は次のとおり。有隣堂、紀伊國屋書店、ジュンク堂、大垣書店、三省堂書店、三洋堂書店、精文館書店、ツタヤ、明屋書店、フタバ図書、ブックファースト、ブックハウス神保町店、文教堂、丸善である。

紀伊國屋書店では2010年7月13日に、新宿本店7階の洋書すべてにRFタグ（無線タグ）を装着し、販売、在庫データをリアルタイムに把握できる新システムを稼働した。同社では5月、埼玉・越谷物流センターにある洋書約六万冊にRFタグを装着した。新宿本店を皮切りに洋書を販売する全国18店舗に順次導入してゆくという。RFタグは凸版印刷に特注したシールタイプである。直接取引をする海外からの仕入から検品、販売、返品、在庫、棚卸までの全工程・履歴を一冊単位で追うことができる。社員が店頭で商品を探す際にも、専用ハンディターミナルで棚を照射するだけでブザーが鳴る仕組みで即時対応が可能である。"賞味期限"の過ぎた商品もハンディターミナルで探し、バーゲン販売に移行できる。将来的には和書での展開も視野に入れ、ポイントサービス、万引き防止、ネット書店「BookWeb」、POSサイネージ画面と連携した新事業に着手する考えもある。

高井昌史社長は「RFタグによる個品管理でデッドストックを減らし、回転率を上げられる。棚卸では作業時間が20分の1程度に短縮できる」とメリットを強調した。タグのコストは一枚当り30円を切った程度と語った。

「万引き防止タグ」の実証実験は2011年4月15日フタバ図書ギガ椎名町店（豊島区南長崎）で行われた。RFIDシステムを活用した（1）チェックゲートによる万引きアラートの発信、（2）会員カード併用により、販売・レンタル・買取処理の簡略化、（3）商品回転率向上のため、返却後レンタル商品を棚に戻すまで取り置く「ジャストリターン棚」でのリアルタイムの商品監視、（4）棚卸・欠本チェック・追加発注作業の効率化を行った。

RFIDシステムの導入には、約300〜500万円の費用がかかる。この費用は小売側に求められるRFIDタグを商品に取り付ける作業やタグコストの負担、またRFIDの識別精度がまだ100％でないことなど課題は多く残されている。

ICタグは万引防止だけのツールではない。現在JPOを中心に実証実験が進められているが、出版倉庫流通協議会が協力してくれていることは心強い。物流管理、取引管理など、出版業界の難問題の救世主になることを願うばかりである。目下は「万引き防止の切り札」として実績をあげて欲しいものである。

コラム

消えた流通用語

入日記（いりにっき）　送品伝票のことを入日記と呼んだ。仕切書ともいう。
　　　今はコンピュータ伝票によって駆逐されてしまった。

貫々（かんかん）　出版社が売れ残った書籍や雑誌を処分することを貫々
　　　に出すといった。1貫目は約3.75kgである。

距離制限　1929年（昭和4年）東京書籍商組合は、組合員の既得権擁護の
　　　ため、新規小売書店の開業について距離制限を設けた。距離は一丁
　　　（110m）以上離れることを義務付けていた。戦後の一時期まで続
　　　いたが、現在は隣に書店が出来ても文句はいえない。

月賦販売　分割販売の総称であったが、今はクレジット販売という。

五葉伝票　委託送品伝票の名称。1枚目書店送品票、2～3枚目返品明細票、
　　　4枚目計算票、5枚目送品原票。

三葉伝票　買切販売伝票。1枚目書店送品票、2枚目計算票、3枚目送品
　　　原票。

第四種郵便物　通信教育資料、点字本、種苗、学術出版物を指す。第三種
　　　郵便物だけが有名になり、第四種の影が薄い。

地方定価　1952年（昭和27）年当時、国鉄運賃の急騰に苦しむ地方書店
　　　の負担を軽減するために、東京と地方で価格の違う二重価格制がと
　　　られた。5％増の定価で、地方定価いくらと印刷されてあった。し
　　　かし地方読者の反発で1954年に廃止された。

とりもの　届け（とどけ）の反対語。取次が各出版社から、書店の注文品
　　　を集めることを「取物（とりもの）」と言った。今は集品という。

入銀制　出版社が書店に新刊書を案内した時、事前予約（買切注文）に対
　　　して、通常正味より安く買える注文制度を言った。

ブッククラブ　1969年（昭和44年）アメリカのタイム・ライフ社のブッ
　　　ククラブが日本に上陸することが発表された。黒船襲来とばかりに
　　　日本中が大騒ぎになり、急遽、書協、取協、日書連三者が㈱全日
　　　本ブッククラブを設立したが、上陸はなく会社は解散した。

第4章

取次盛衰記
─取次の受難と再生─

この章の概要

　1990年代前半は出版社の倒産はほとんどない。それは書籍・雑誌の販売部数のピークが1995年で、この年48億冊の本が販売された。日本人一人が年間40冊本を買ったことになる。

　2000年までは40億冊は売れていた。しかし2000年にアマゾンが上陸してから流通は一変し、書店離れ、流通変化を起こし、書店の廃業現象が激化したのである。

　書店に本を流通させる取次に変化が起こるのは当然である。神田村取次はすでに再開発事業の問題でゆれていた。最初に結論を出したのは、雑誌、コミックを扱い人気の高かった松島書店である。

　同社は1931年（昭和6年）に創業して神田村取次の一角を担い、数多くの出版社、書店を取引先に取次業務を行ってきた。2002年に完了予定の神田村再開発事業であったが、松島三郎社長は1998年に自主廃業の道を選んだのである。

　いわば、1999年〜2005年は「取次受難期」であった。

4.1　柳原書店と日販の経営危機

　21世紀の出版社倒産ブームの前哨戦として取次受難の洗礼があったのである。**表4.1**の主な取次の経営危機と倒産の受難について時系列に見てみよう。

■　**柳原書店の倒産**

　1999年の柳原書店の倒産は取次業も危うしのプロローグとして、ショックは鈴木書店同様大きかった。同社は江戸中期の1713年（正徳3年）に河内屋として創業したのが前身である。

　1918年（大正7年）に柳原書店に改組された。大阪・西区の本社のほか東京、京都、福岡に拠点を置き、書店、市民生協に販売していたが、大手取次会社との競争や市況の低迷などから、87年売上は61億6000万円あったが、99年売上は48億円に減少していた。

　加えて設備投資を借入金で賄っていたことによる金利負担もあり、収益性は悪化していた。

　負債額は36億円、債権者は756社、このうち716社が出版社である。1000万円以上の大口債権者（出版社）は31社で、うち4社が5000万円超。一社での債権の最高額は9800万円であった。

表4.1　取次の主な経営危機

年度	主な経営危機
1999年	柳原書店　倒産
2000年	日販経営危機　165億円の不良債権を公表　初の赤字決算となる
2000年	北隆館書店　倒産
2001年	鈴木書店　倒産
2002年	神奈川図書　倒産
2003年	日新堂書店　倒産
2005年	安達図書　倒産
2005年	三星　倒産
2005年	金文図書　倒産

■ **日販の経営危機**

　柳原書店の倒産、鈴木書店の黒い噂が飛び交っている最中、日販の経営危機は21世紀の出版界はどうなるのか、不安を超えた大ショックであった。

　当時のことを日販51期（1999年）〜53期（2001年）の決算書から真相をみてみよう。

　1999年第51期（菅徹夫社長、資本金30億円）の決算は売上7914億円、営業利益99億円、経常利益19億円、当期利益6億8200万円であった。売上は前年同期比3.0％減であった。書籍、雑誌、開発商品三分野とも前期割れであった。中でも開発商品は1167億円で、同12.5％減と大幅な減収となり、ニューメディア分野の失速が全体に影響を与えた。しかし販管費を5.0％減少させた結果、経常利益は12.4％増と明るい材料であった。鶴田副社長は東証二部上場を視野に入れていく姿勢を示していた。

　2000年第52期（菅徹夫社長、資本金30億円）の決算は一転して、創業以来初の赤字決算となった。経常利益はほぼ倍増であったが、特損206億円のために赤字となった。

　しかし決算説明に当った柴田克己常務（当時）によれば、財務基盤を抜本的に見直すため"計画的"に償却処理したという。不良債権として今期特別損失に計上された金額は積文館書店49億円、静岡谷島屋9億円、駸々堂30億円、日本音光17億円、日販商事60億円の計165億円であった。

　経営危機に直面した日販は52期中に各種の財務体質の改善の施策を行った。

1.　旧名古屋支店の土地の売却
2.　163人の希望退職
3.　四支店の閉鎖（埼玉、千葉、横浜、北関東支店）
4.　八事業所の再編成（関西サービスセンター開設（旧大阪、京都、神戸の店売統合）、静岡、四国、北陸各支店の移転、西日本流通センターの配送業務を王子流通センターに移管
5.　有価証券（ゴルフ場会員権など）の売却

　2001年第53期の決算は、先期の抜本的改善によって、見事に復活を見せた。営業、経常利益ともに過去最高を示し、赤字を脱出、当期利益4億7000万円を計上した。財務面では短期借入金はなくなり、長期借入金も15億2200万円減少した。貸倒引当金を32億6700万円積み増す改善が見られた。

4.2　日販再生と北隆館書店の倒産

■　日販の再生と子会社化の強化

　日販は第52期決算から導入された新連結会計制度によって、積文館書店の子会社化がスタートした。以降、銀行6行によるシンジケートローンの100億円は子会社を支援する方法で本社から融資された。この融資により日販の支援書店に対する子会社化が促進、進行された。

　現在、日販の完全子会社（100％出資）は積文館書店、ブックセンタークエスト、リブロ、すばる、多田屋である。MPDは51％、関連会社として精文館書店49.7％、いまじん39.9％である。

　取次は社会の公器である。公器の任を意識した行動が今日につながっている。経営改善に向かってやれることはすべてやった。この禊が今日の発展になった。日販とトーハンの売上逆転は1997年である。

　しかしその三年後に経営危機とは皮肉であった。だが日販は「IT戦略と複合化の促進」によって、この難関を突破し、今日の繁栄につなげている事実は見事である。

■　北隆館書店の倒産

　2000年11月に北隆館書店が倒産した。創業は1891年（明治24年）で、戦前の四大取次、東京堂、大東館、東海堂と並んで北隆館はその一角を成していたのである。

　負債額は約18億円である。100年以上の業歴をもつ同社は雑誌60％、書籍25％、ビデオソフト15％の取扱比率で、東北、関東エリアを中心に270書店と取引していた。

　98年の売上29億5000万円であったが、99年は28億8000万円となった。埼玉の戸田営業所の設備投資に伴う借入金が負担になるなか、書店の受注も伸び悩み、収益性は悪化したのである。

　『牧野日本植物図鑑』をはじめとする図鑑で有名な北隆館は出版社として、現在も営業している。姉妹会社であった。

コラム

日販の経営戦略

　日販は第65期の事業年度（自平成24年4月1日　至平成25年3月31日）から損益計算書の表示方法を変更した。従来、営業外費用に計上していた売上割引を売上割戻として、売上高より控除するよう表示方法の変更をした。因みに売上割戻の金額は156億6700万円である。売上高5813億5500万円に対して2.69％である。トーハンの売上割引59億6400万円と比較すると2.62倍の多さである。日販のインセンティブ戦略が明確に表れている。この結果日販の原価率は91.1％と高くなった。　直近三期の決算書をみると、日販の書籍売上は3期連続増収で、業界の不振ムードを吹き飛ばす活力である。

　日販の強みは読者、書店、出版社を巻き込む販売戦略を持っていることである。その推進力としてパートナーズ（Partners）書店とMPDのチャージ契約書店が存在することである。このシステムは年と共に参加店、参加出版社が増え、Honya Club会員が530万人に成長していることである。その上出版社の協力も多大で、74社がパートナーズ契約をしている。

　日販は書店と共に読者メリットを考え、店頭の活性化促進で、読者にポイントを付与している。この三者共益主義を浸透させているのは、パートナーズ契約である。この中心理念は書店粗利益30％、返品率25％達成である。2015年（平成27年）までに25％にする目標を立てている。現状では書籍返品率は2010年35.5％、11年33.5％、12年31.6％と毎年2％はダウンさせている。この勢いでゆけば13年は20％台も可能である。

　業界全体で雑誌売上の落ち込みは深刻である。雑誌売上のピークは1997年の1兆5644億円であったが、2012年は9844億円となり、ピーク時の62.9％である。反対に返品率は最低時の201.6％、つまり倍以上に悪化している。日販はこうした読者の雑誌離れに対応して「Maga-STOCK」をシステムとして提案している。定期誌の取り置きサービス、定期誌購読の拡大を狙ったものである。日販の経営戦略は「Change」の中に盛り込まれており「出版流通の改革」「新たな需要の創出」が急務である。

4.3　鈴木書店の倒産が意味するもの(1)

■　鈴木書店の倒産の衝撃

　2001年の鈴木書店の倒産は業界に大激震を与えた。ついに来たかという感じで業界人を不安に陥れた。鈴木書店の創業は1948年である。岩波書店をはじめ、人文・社会科学系の出版社の専門書を大手書店、大学生協を中心に流通させていた。96年2月期決算では162億4300万円の年間売上を計上していたが、2001年同期には129億3300万円にまで落ち込んでいた。

　専門取次会社の鈴木書店（本社、東京・神田神保町、資本金1200万円、平間益美社長、社員61人）は2001年12月7日、東京地裁へ自己破産申請の手続きをし、倒産した（**表4.2参照**）。負債は40億円といわれた。

　倒産した2001年12月7日、東京・竹橋のKKRホテル東京で行われた坂口顕会長と平間益美社長による記者会見から、様子をみてみよう。

　当日の債権出版社は約300社であった。主な質疑応答は次のとおり。

Q：負債総額と内訳は…

A：まだ確定していないが40億円超。33億円は出版社への買い掛け、未払い。

Q：債務超過状態に陥った時期は…

A：約20年前から。87年は資産を売却して黒字を計上している。平成元年の単年度赤字が6500万円、その後は前期、前々期を除き、毎年一億円を越える赤字だった。

Q：取引出版社、書店数は…

A：出版社は休眠口座を入れて500、実際は420社。書店は生協を一法人とすれば約100社。

Q：今年9月10日に取引上位出版社に要請した支払いの一ヶ月延長（9月末支払い分を10月末に延長、以降毎月繰り延べ）に応じた出版社数は…

A：50社。当初は全出版社を回るつもりだったが、支払額は上位37社で65％、100社までで90％以上になる。ほとんどの出版社には支払延期を要請しても資金繰りの効果がないため、お願いに回るのを中止した。

Q：11月の債権30％カットについては…

A：説明会で要請し、なかには合意を得られない出版社もあったが、基本的には全社、保留させてもらった。

Q：今後の出版社への説明は…

A：債権者集会などの日程はすべて破産管財人が決めることで、ここでは申し上げられない。だが我々はきちんと説明する機会はもちたい。

Q：危機的状況にあると認識したのはいつか…

A：難しい質問だ。98年9月に出向した時、繰越損失はすでに17億円。赤字の垂れ流し状態で、破綻していると感じた。しかし、これは甘いといわれるだろうが、鈴木書店が必要だと言ってくださる方が多く、まだいけるんじゃないか、という気持ちを持ち続けた。たとえば98年9月、99年のはじめ、2000年7月など資金繰りの局面は何度もあったが、その都度、岩波書店に頼ることでくぐり抜けたのが実状。いよいよ危機が深まったと感じた今年9月頃で、これは岩波自体が協力できる状態でなくなってきたことと深く関係している。

表4.2　鈴木書店が倒産に至るまでの経過

1998年8月	みすず書房・小熊勇次相談役を専務、岩波書店・坂口顕常務を常務として招聘、人的支援を仰いだ。社員数を三年で10〜20%減、売上3%増を目指した。
1999年10月	取引出版社約120社に対し「支払い延期」を文書で要請。
同年11月	坂口常務が社長代行に、宮川良二社長が代表権のない相談役に。「経営改革三ヵ年計画」で経営のコンパクト化を打ち出す。
2000年4月	平間益美取締役が社長に、坂口常務は代表取締役会長に就任。甲斐信光常務は専務となり、空席の常務には岩波書店営業推進課長の鈴木修二氏が就任。東大出版会から山下正専務理事が非常勤顧問に。
同年5月	平間社長「再建プランは、仕入削減や出荷調整などの縮小計画ではない」と語る。
同年10月	神保町の本社、店売本館、別館の合計180坪を売却。売却益で借入金の全額を返済したと発表。
同年11月	板橋営業所を開設。
2001年4月	2月期決算、売上高は前年比7.8%減の129億3300万円。経常利益は前年の4倍に当る1100万円、当期利益は4億2300万円で13年ぶりの黒字決算。宮川、小熊氏らは退任。
同年8月	1200万円の資本金を3億円とする増資計画浮上。
同年9月	増資計画については出版社11社からは良好な反応があったが、出資額で合意に至らず棚上げへ。出版社50社へ9月末支払い分から1ヵ月の支払いを繰り延べ。
同年11月15日	経営再建スキームを文書で出版社に伝える。出版社の売掛金一部放棄を要請、新会社設立へ動き出す。出版社、書店の不安が急激に高まる。
同年11月21日	出版社40社へ説明会開催。債権放棄額は一律36%と発表。大口債権出版社の債権8%は新会社の資本金2億円に充当するとした。
同年11月29日	債権者説明会を行う。坂口氏は、「新会社設立は厳しい」とし、他取次会社への営業譲渡に移行する旨を伝える。資金繰りの厳しい出版社には文化産業信用組合の特別融資枠の5億円を利用するように進言。
同年11月30日	出版社へ11月末支払い分の30%を保留したと文書で通達。
同年12月3,4日	中堅取次会社数社を訪問。営業譲渡、業務提携の交渉は不調に終わる。
同年12月6日	全国大学生協連、会員生協に対して日販に帳合変更を報告。
同年12月7日	午前10時、東京地裁が自己破産申請を受理、倒産した。

4.4　鈴木書店の倒産が意味するもの(2)

　前記のQ&Aでもわかるとおり、鈴木書店の岩波依存体質がわかる。

　鈴木書店の倒産は多くの問題を投げ掛けた。高正味、内払い大手・老舗版元優遇に対して、低正味、支払保留の中小零細出版社の差別取引が明確になったこと。鈴木書店の倒産の背景には取次の企業間競争も指摘された。赤字の直接要因は粗利が7.2％しかなかったことである。トーハン11.29％、日販11.18％を見れば、経営の苦痛がよくわかる。

　鈴木書店は、粗利の取れる雑誌、コミック、デジタル商品はほとんど扱っていない。書籍もエンターティンメントは少ない。取引書店が都内の大型店中心のため、トーハン、日販と同じ戦場で戦わざるを得なかった。大型店に対する2社の正味は低く、鈴木書店も同じマージンにせざるを得なかった。

　鈴木書店の使命、特色は二大取次の流通から抜け落ちてしまう部分を拾うことであった。

　書店側からみると、そこが鈴木の魅力であった。毎日発行された井狩春男の『まるすニュース』はそのよい例であった。また小額取引の出版社を多く抱えていたのはその現れであった。しかし結果的にはそれが経営効率に大きく影響した。最終的には岩波書店の協力が得られなくなったことが終焉につながった。岩波の債権額は9億円で、取引出版社のうち最大の債権者である。

　鈴木書店との取引額は、鈴木の売上高129億3300万円（2001年2月期）の20％前後、約25億円を占めていた。大学生協については、取引社300社は日販に帳合変更で収拾された。

　鈴木書店倒産後、鈴木を惜しむ声は多かった。外部がそうであるから、旧社員の気持は一層強かった。やがて形となった。

　2003年2月に元社員の後藤克寛が代表取締役となって株式会社JRC（ジェイ・アール・シー）を立ち上げた。

　人文、社会科学書専門の出版取次会社である。四十社余りの一手扱いで取引する出版社は小規模なところばかりであり、営業代行も行う。当初は人文・社会科学書流通センターであったが、07年JRCに改称した。

コラム

トーハンのいま

　銀行がつぶれてもトーハンは潰れないという神話があるほど、財務力は磐石である。現在でも自己資本率は毎年上昇し、純資産も2013年3月末で951億円となり、1000億突破の勢いである。しかし営業面では1996年に売上高で日販に抜かれ、以後その差は開くばかりである。（しかし売上至上主義に走った日販は2000年に経営危機に陥っている。107ページ参照）。因みにトーハンの最高の売上高は1996年の7972億円であった。この年、日販は8133億円で逆転したのである。2013年3月の売上高はトーハン4912億円、日販5813億円で、96年に対してトーハン61.6%、日販71.5%で、ここでも劣勢がみられる。

　この原因は取次の書店指導の差によるものである。トーハン系の書店と日販系の書店の販管費の違いである。一般的に書店の三大経費といえば、（1）人件費、（2）地代家賃、（3）水道光熱費である。この経費構造は1945年から今日までほとんど変わっていない。ところが日販系書店では1998年から2001年の第三位の経費はリース料であった。つまりIT武装を一挙に進めたことがわかる。例えば1998年の書店経営指標によれば、リース料1.73%に対し、水道光熱費は1.18%である。日販は「トリプルウィン・プロジェクト」を2001年から推進している。書店、出版社との間にオープンネットワークWINを設け、売上データを開示することによって、三者の効率化が図られたのである。これに対しトーハンは07年から「桶川SCMセンター」が全面稼働した。しかし、この6年間の差は大きい。

　また、この間に両取次に書店支援に大きな違いがあった。1999年、日販は積文館書店を子会社化し、その後リブロ、すばる書店、八文字屋、精文館書店、いまじん白揚などを子会社化、関係会社化した。トーハンはこれまで書店支援はしたが、子会社化はしなかった。ところがトーハンは2012年秋、明屋書店、ブックファーストを子会社化した。トーハンはいま、書店の店頭活性化と外商活動の支援に力をいれている。TONETSiによって店頭の売れ筋の欠品防止、既刊本の掘り起こしをしている。

4.5　相次ぐ中小取次の倒産

■　神奈川図書の倒産

2002年神奈川図書が負債41億7千万円で倒産した。神奈図の創業は1947年で、学参、専門書、文具、事務機を扱っていた。倒産の原因は英会話、パソコンスクールの事業に失敗したことであり、借入金の負担に耐えられなかった。ピーク時99年の売上56億円、01年は43億円になっていた。

■　日新堂書店の倒産

神田村の人文・社会系専門取次会社・日新堂書店（内海宏社長、創立1947年、資本金1000万円、従業員50名）は2003年に倒産している。負債額は1億2000万円、債権者300人。倒産の原因は売上減による。2001年（平成13年）売上31億5000万円あったが、2002年度は30億円であった。

■　安達図書が自主廃業

文藝春秋や新潮社などの商品調達に強かった安達図書が自主廃業したのは2005年である。創業は1949年、03年売上は5億9000万円、04年は4億6000万円であった。廃業理由は"赤字だから"と安達社長はさらりと言っている。青山ブックセンターの倒産の影響を受けていることは事実である。

■　名古屋の三星と福岡の金文図書の破産

名古屋の三星は2005年に自己破産した。負債は10億円、地元学参、地図主力の取次であったが、少子化による売上減によって経営が行き詰まっていた。

同年、福岡の金文図書も破産した。同社は1965年に設立、九州、四国地方の書店約1000軒を取引先としていた。74年からは学習塾の経営も手がけ、98年の年商は56億1千万円だった。しかし大手書店の出店ラッシュによる取引書店の低迷や少子化の影響から減収をたどり、2003年には年商41億3900万円に落ち込んだ。ピーク時に6店舗あった学習塾は3店舗に半減し、反面、借入金の負担が重く倒産に至った。

■　根橋書店の自主廃業

1996年～2010年の間に相次いで中小取次が倒産している。

実用書取次会社の根橋書店は2005年に自主廃業している。得意先の三越、高島屋の書籍部が廃業したので、その連鎖で閉店した。1985年の売上は1億5千万であった。

■　洋販 YOHAN の倒産と国際書房の民事再生

2008年、洋書販売の最大手、洋販 YOHAN の倒産はショックであった。洋販は1953年創立。約20ヵ国の出版社150社と取引していた。92年9月期売上高96億3800万円。03年6月タトル商会を吸収。05年8月期（決算期変更）売上高55億6300万円に減少。06年1月にはファンドが出資する持株会社インターカルチュラルグループを設立し、洋販はその傘下に入った。07年11月（同）売上高31億2500万円と悪化した。最終利益で10億6500万円の赤字。

一方、洋書の卸をしていた国際書房は2010年民事再生を申請している。負債3億3000万円、債権者140人である。1990年の売上は13億円、08年は5億5700万円であった。

■　末広書店の自己破産と山口県教科書販売・山口図書も関連破産

山口県宇部市の末広書店が2000年に自己破産している。関係会社の山口県教科書販売と山口図書も関連破産した。負債は末広書店が4億円、山口教販2億7000万円、山口図書6億円、計12億7000万円であった。教科書販売会社が倒産したのは日本では初めてだった。

■専門取次、図書販売会社、ビデオレンタル卸店などの倒産

アジア図書センターは1998年に破産。平凡社の『世界大百科事典』の専門販売会社であった。負債7億7000万円で、96年当時の売上は6億円であった。

医書販売の厚生社（大阪・北区）は2000年に破産した。負債17億1千万円。

地域生協販売のユニポスト・オブ・ジャパンは98年に倒産。負債6億円。

ビデオレンタル卸のフォーラムは96年破産。負債9億円。ゲームソフト卸の大手デジキューブは03年倒産。負債は95億円と大きい。98年売上486億円であったが、03年売上は228億円であった。

4.6 取次業界の今後の課題

■ 取次の再編進む

　取次の同業組合には、大手を主体とした日本出版取次協会、中小で構成する東京出版物卸業組合がある。加盟社は28社と22社で、両方に加盟している社は11社である。両加盟取次は次のとおり。共栄、協和、鍬谷、三和、太洋社、東邦書籍、西村、日本雑誌、日貿、地図共販、博文社、村山書店である。

　1990年代末から2000年初頭に中小取次、地方取次受難の時期があった。すなわち98年末大阪の老舗取次柳原書店が廃業したのを皮切りに2001年には専門書の鈴木書店、02年には神奈川図書の倒産、03年には日新堂書店、05年には安達図書の自主廃業、同年名古屋の三星と福岡の金文図書の破産、08年には洋書の輸入大手である日本洋書販売が自己破産した。中堅取次、地方取次が次々と倒産したその背景にあったものは何であったのか。

　書籍、雑誌が最も売れた年は1996年、97年で2兆6563億円、2兆6374億円である。書籍、雑誌販売部数では1995年93年がピークで48億冊、47億冊の売上である。つまり販売のピークを経験した後、取次の経営危機が始まったのである。前述で中小、地方取次の倒産に触れたが、その最たるものが大取次日販の経営危機だったのである。

　中小取次の脆弱さはわかるが、大取次の日販の経営危機説は業界に大ショックを与えた。特に大手出版社は不安に襲われた。大手出版社に対する支払いサイトの一律延長の噂が流れたからである。出版業界は戦後一貫して成長を続けてきた。だが1997年に戦後初のマイナス成長に暗転してから3年連続して販売金額が減った。そして1999年には書籍の返品率が40％台という「構造的な大不況」に陥った。

　1997年3月期の日販の売上は8133億円となり、トーハンの7970億円を上回った。初めて悲願のトップに躍り出て、万年2位の汚名から脱した。しかし栄光は長くは続かなかった。無理に無理を重ねた「売上至上主義」とシェア拡大路線が破綻したからである。中小、地方取次の破綻は日販の経営危機の時期と相前後している。余波が大きかったのである。すなわち中小取次の取引書店

は大取次取引とバッティングしていることが多い。

　書店の支払いは当然メイン取次が優先され、中小取次は二の次にされる。こうした不況を脱するために多くの中小取次は副次事業を考える。英会話教室、パソコン教室、学習塾等の経営を始めたが、少子化、受験環境の変化などによって、新事業に残ったのは借入金だけであった。21世紀になり、一社の投資ではなく、数社で投資する、あるいは数社の提携は時代の要請となって現れた。取次受難期の最中、2002年4月取次間の業務提携が始まった。すなわち、日販、大阪屋、栗田出版販売、日教販、太洋社の5社は講談社、小学館も加えた7社の共同出資によって、「出版共同流通株式会社」を設立した。

　08年6月には大阪屋と栗田出版販売が物流機能や情報システム機能を相互利用する業務提携を発表した。大阪屋と栗田の共同物流センターOKCは、両取次にとって、物流コストの削減ができたことは確かである。それ以外、仕入、営業、販売力の強化と売上確保の柱にもなっている。

　中央社は平成22年度の期中に、協和出版販売、共栄図書、日本雑誌と協業化を進めた。その結果、物流経費が圧縮され、効率販売が推進されたのである。

　太洋社は第59期（平成23年7月1日〜同24年6月30日）に大幅な組織改革と人事異動から「販売会社」として根幹的な事業の見直しを図った。コミックセンター、書籍センター等物流4拠点を志木センターに統合した。人員削減策として45〜58歳の社員を対象に希望退職者を募った。2013年をめどに本社移転も発表した。事業の見直しとして主要事業の売上構成を2016年には「取次」85％、「新規事業」13％、「不動産事業」2％にしたい構想も発表された。

　2011〜13年栗田出版販売本社移転、大阪屋東京支社移転、太洋社本社移転が発表されている。中堅取次各社が会社のスリム化を行っている。業務提携は前述したとおりである。雑誌、書籍を扱う総合取次では中央社を除いて苦戦である。販売減による収益減を、経費の圧縮によってバランスをとる方策は成功していない。自社内の経費見直しはより進むであろう。人員削減もあり得る。また太洋社のように取次業以外の針路を変えて不況脱出を図ろうとする社も現われるであろう。物流経費が販売管理費の半分を占めることは取次の宿命である。トーハンは物流子会社二社を統合した。新会社トーハンロジテックスは出版物以外、今後食料品も扱うという。他社からの物流受託も積極的に進めるとも言っている。2013年の大阪屋と楽天の資本提携にも注目したい。

4.7　これからの出版流通

■　21世紀型出版物流の構築

　取次の販売管理費の中で最も高い項目は運賃・荷造費（物流費）である。日販の第65期（自平成24年4月1日　至平成25年3月31日）では販管費486億4800万円のうち運賃・荷造費は238億1400万円で、49.8％を占める。

　トーハンは同期、販管費475億4200万円のうち運賃・荷増費は239億3800万円で50.2％を占める。取次業務の中でいかに物流費用が掛かっているかよくわかる。

　書籍・雑誌販売金額が減少してきたので、取次の流通に対する考え方が大きく変わってきた。取次の利益源であった雑誌販売が不振である。元来雑誌は定期刊行物で、マス流通であり、流通効率がよく、取次のプロフィットの源泉であった。これに対し書籍は不定期であり、しかも単品流通性が高い。特に客注は完全な単品流通であり、不採算の元凶であった。雑誌の販売部数が減少することで収益性は悪化し、書籍部門の不採算体質を見直さざるを得なくなったのである。そこで注目されるのは返品率の問題である。返品は雑誌も書籍も発生する。ただ定期性の高い雑誌は数量的に管理すれば返品コントロールは可能である。管理可能なジャンルであったが、近年、年間7000点以上発刊されるムックによって著しく返品率は高騰した。つまり雑誌も管理可能商品から管理不可能商品になってしまった。業界混乱はムックの過剰発行によるものだと言っても過言ではない。

　書籍に至っては返品率が40％を上回る異常事態である。かって日販の鶴田尚正社長が『文化通信』のインタビューで、返品率を1％下げれば5億3000万円のコストダウンが出来ると言っている。返品問題は今や避けて通れぬ重大事となっている。この問題を放置しておけば出版界は破滅あるのみで、抜本的解決策を施さなければならない。出版業界の基本制度は委託制度と再販制度である。返品は委託制度では必然的発生現象で、今まで看過してきた。その結果、今日の高率返品となった。つまり両制度とも万能に機能するわけではない。温床制度として機能し、自由な競争を阻害してきたことがはっきりした。安易な

仕入をし、返品増を繰り返しながら、自分自身を疲弊させたのである。2001年に公正取引委員会が再販制度を「当面存置」と発表して以来久しい。しかし再販制度についての議論は絶えない。

委託制度の弊害を乗り越えるべく、大手出版社、中堅出版社が多くの提案をしてきた。また取次も書店の粗利向上の道具として主張してきた。責任販売制（計画販売制）といわれる。書店粗利率が高くなる分、返品発生の時はリスクを負う販売方法である。日販は買切制を導入することを思索している。

委託制で発生する返品を少しでも低くするために1950年代から試行錯誤されてきた。書店の特色や地域性、その書店の過去の販売実績からその店に適正と考えられる送本数を考えたシステムは大取次では試行されていた。01年に日販が開始した「www.project（トリプルウイン・プロジェクト）」は書店店頭の販売データを自社、出版社と共有し、実績に応じた送品を実現しようとした。しかし返品率は改善されなかった。そこで考えられた方法が「飴と鞭の方策」であった。08年に日販は書店、出版社の間で売上と返品の実績に応じてインセンティブとペナルティが発生する新しい契約システムである。

トーハンでも07年に書店の店頭在庫を最適化する支援プログラム「More Value Produce（MPD）」の提供を開始し、買切、時限再販の取引条件に挑戦している。

ネットショッピングへの対応は時代の要請である。書店独自で商品調達、配送は不可能である。取次経由が日本の出版土壌である。アマゾンが物流基地を全国各地に増設し、サービス環境を一層向上させようとしている。アマゾンが得意とするサービスは裾野の広い販売方法である。この方法はリアル書店が一番苦手としていた分野である。一般リアル書店が対応する手段としては取次によるネット書店を活用するしか方法はない。取次によるネット書店としては、日販の「本やタウン」、トーハンの「e-hon」、大阪屋の「本の問屋さん」などがある。アマゾンが24時間営業であることを意識して、リアル書店はネット経由で直接検索、注文できるシステムを活用しない手はない。店頭読者が減り、ネット読者が増える環境に対応するためには、一般リアル書店はこの際、今一度顧客を固定化できるメリットをPRして欲しい。顧客にとっては送料がかからず、書店にとっては少ない投資でネット書店が開設できることを認識し、実行して欲しい。将来的には古書ネットとeコマースしたいものである。

コラム

出版物流倉庫

　注文した本の到着がおそい！この積年の悩みは以前に比べればよくなった。アマゾンをはじめネット書店の流通がよくなったからである。実際に手元に届くのが早いのは宅急便のお蔭である。この物流問題は物流倉庫に関することである。物流倉庫は大きく分けて取次独自がもつものと、出版社がもつ流通倉庫である。大手取次の物流倉庫としては日販では王子流通センター、web-Book センター、CVS 流通センター、メディアセンター、などが主として新刊書籍や注文品の発送と在庫管理を集中的にコントロールしている部署である。

　出版には負の部分がある。委託制度下では「返品作業」が業界の癌であり、各取次の利益を食む虫である。返品の受皿として、日販では、ねりま流通センター、新座流通センター（書籍部門）、所沢流通センター（雑誌部門、故紙会社部門）、出版共同流通・蓮田センター（業界初の５社共同、日販、大阪屋、栗田、日教販、太洋社）を稼働、トーハンではトーハン桶川 SCM センター（書籍流通）、上尾センター（雑誌送品）、ブックライナー、出版 QR センター、東京ロジスティックセンター（雑誌返品）を稼働させている。

　出版社の場合、大手出版社は独自の倉庫を持つが、多くの出版社は出版倉庫業者に委託している。商品管理をアウトソーシングするようになったのは、1965 年（昭和40年）あたりからである。

　出版物保管、在庫管理、納品代行、周辺業務（運送、故紙業）を代行する業者の出現の意味は大きかった。03 年８月に「出版倉庫流通協議会」が設立された。これは昭和図書や主婦の友図書などの出版社系の倉庫と、大村紙業や OEC 商品管理センターなどの出版物納品代行、商品管理などを業務とする出版倉庫業者との共同作業である。出版倉庫協議会に参加している団体は63社であり、取扱う出版社は750社に達している。流通倉庫の役割が見直され、販売予測、在庫管理、取引先別出荷、返品データ分析、供給コントロール等、出版流通の裏方を支える大きな力になっている。

第5章

出版社盛衰記
―出版社の夢と現実―

この章の概要

　出版社の倒産が 2007 年から目立って多くなった。念のためにと思い『新文化』紙面を 1991 年から 2010 年まで調べてみた。突出して自己破産が多かったのは、2010 年＝ 8 社、2009 年＝ 16 社、2008 年＝ 9 社、2007 年＝14 社、1999 年＝ 8 社。それ以外は 1 ～ 3 社程度であった。

　倒産は、会社にとって不幸なことである。しかし出版社の経営はマーケットが不明確なために当り外れがある。出版してみなければわからないという不確定要素の多い企業なのである。

　そのために浮き沈みが激しく、倒産の憂き目を見る。この章で各論として、1991 年以降に廃業した出版社をジャンル別に見ることにする。

　スタンリー・アンウィンは、『出版概論』(スタンリー・アンウィン著、布川角左衛門・美作太郎訳、日本エディタースクール出版部刊) の中で「出版業者になることは容易であるが、出版業者として永つづきすること、あるいは独立を維持することはむずかしい。出版界の幼児死亡率は、ほかのどんな事業や職業に比べても高いのである」と述べ、出版業の厳しさを指摘している。

5.1　消えた出版社（その1）

■　学参出版社の浮き沈み

　学参出版社は少子化の影響を受けた。駸々堂は小中学参出版社でもあった。2000年に倒産。長野市に本社をおいた教育書籍は、その前年1999年に倒産している。負債額は不明である。

　出版社名簿から姿を消している出版社に吾妻書房、加藤中道館、有精堂出版、有朋堂などがある。鷺書房、牧書店はなくなって久しい。

　IT時代に華々しくデビューしたエクスメディアは07年に倒産した。負債は15億円で、市場在庫は10億円もあったというのは有名な話である。

　コンピュータ・エイジ社も負債1億5000万円、九天社は負債6億円、ジャパン・ミックスは負債14億円で倒産した。そのほか、パソコン系ムックを出版していたバウスターンやゲーム本の新声社、同じくローカス（後にインフォレストに吸収合併）も自己破産である。

■　実用書出版社の浮き沈み

　実用書出版社の倒産も多い。2009年（平成21年）自己破産した雄鶏社（負債12億8000万円）がある。1945年創業の雄鶏社の武内俊三氏（故人）は書協の副理事長もされていた。女性実用書をリードした版元であったが、趣味嗜好の多様化の波に勝つことはできなかった。

　直販のユーリーグは負債96億円と大型倒産だった。日野原重明『生きかた上手』はよく売れたのだが…。

　1994年に鎌倉書房が倒産。ファッション・婦人誌の草分け的存在で『ドレス・メーキング』『マダム』が2枚看板であった。同社は1940年（昭和15年）創業、資本金1150万円、従業員86名の中堅版元であった。最盛期の85年には約50億円の売上があったが、93年は約35億円になっていた。倒産の原因は広告収入減と、リストラによるコストダウンの結果が出なかったことである。

　2003年に倒産した婦人生活社も業界の話題になった。婦人誌4誌『婦人倶楽部』『主婦の友』『主婦と生活』と共に年末の書店を賑わせた『婦人生活』だっ

たからである。1947年に創業、『婦人生活』『ベビー・エイジ』『私の部屋』『マタニティ』など、雑誌を主力に出版を手がけてきた老舗出版社であった。原田邦徳社長が個人資産をつぎ込んで支えてきたが、限界を超えた。負債28億円で自己破産した。鶴書房も無くなって久しい。酒之友社も無くなっている。21世紀になって実用書版元の倒産は続く。2000年に倒産した三心堂出版社は1983年創業で、97年売上3億6200万円であったが、99年には2億9800万円になった。債権者150人、負債額5億3000万円で倒産。同年、釣の友社は負債8800万円で倒産。

2001年には創業1933年の東京音楽書院が負債4億円で倒産。同社はピアノ教則本から歌謡曲まで幅広く楽譜・楽書の出版を手がけ、ピークの94年は年商8億円あった。その後、販売不振になり99年には赤字転落した。

同年、同文書院が負債5億6000万円で倒産した。97年売上は13億5000万円であった。02年蒼馬社が負債1億9700万円で倒産、債権者は39人、01年の売上は4億3000万円であった。

2004年ギャップ社倒産。同社は1987年設立。インテリア・デザインやファッション関連の書籍を出版し、ピーク時の01年には年商1億5700万円あったが、03年は9300万円まで落ちた。負債額は1億円である。

同年に健友社も倒産している。健友社は『家庭の医学シリーズ』で人気があった。負債額は1億7000万円、2002年売上は1億8200万円であった。

■　芸術、美術分野・地図・ガイドの浮き沈み

芸術、美術分野では09年にMPCが負債6億1600万円で、1999年には京都書院、2002年には同朋舎出版が負債2億円で自己破産している。

地図・ガイドはデジタル化の影響で環境が激変した。創業1872年（明治5年）の老舗・ワラヂヤ出版は、02年に負債7億8000万円で倒産している。創業当時、ワラジをはいて歩測調査を行ったことが商号の由来である。売上高は1961年に9億5000万円あったが、2001年には6億8000万円に落ちている。

現在、地図の王者は昭文社であるが、それ以前のリーディングカンパニーは日地出版であった。しかしゼンリンに吸収され、今は無い。国際地学協会はユニオンマップのブランドで知られていた。民事再生で持ち堪えた。地理の大明堂は04年に自主廃業した。

5.2　消えた出版社（その2）

■ ビジネス書の浮き沈み

　ビジネス書では1994年に海南書房（昭和35年設立）が負債1億円で倒産している。同社は新刊は年平均15冊発刊していた。91年売上は1億円であった。

　2001年に経営実務出版は社長の伊藤英雄が亡くなったので廃業した。

　2006年には経林書房（負債2億3000万円）が倒産している。増井勤社長は中小出版社の若手営業マンの研修団体「若葉会」の会長を務め、業界に貢献した人なので惜しい。

　ビジネス社も消えて今はない。

　2007年国際法経学院が負債25億円、債権者315人で倒産している。

■ 専門書版元の浮き沈み

　専門書版元も厳しい。最近では理工書の老舗出版社、工業調査会が2010年8月に負債5億7000万円で倒産した。同社は1953年創業、『機械と工具』『化学装置』『電子材料』などの専門月刊誌のほか理工学専門書を出版。販売・広告の収入が減少し、09年の売上高は6億9000万円までに落ち込んでいた。

　1896年（明治29年）創業の山海堂が111年の歴史の幕を下ろした。負債は17億円、2006年の売上高10億円、借入金も10億円あった。

　土木、技術の技術書院も2009年に負債1億円で倒産した。工学書協会に加盟していた啓学出版も1994年に倒産。負債額は8億7900万円であった。

　天然社、太陽閣も出版年鑑に名前が無い。どうぶつ社は新刊発行を停止。会社を営業譲渡している。

　書協常任理事、再販問題で尽力された上野幹夫氏の東京布井書房は2004年に倒産した。

■ 教科書版元の浮き沈み

　資格検定本や教科書発行の一橋出版は2009年、負債11億円で破産。売上高は03年に23億円あったが、08年には11億円になっている。

■ 法律書版元の浮き沈み

官公庁などへの訪販による加除式法規集の主力出版社の全国加除法令（東京・新宿、資本金9500万円、従業員60名）は1993年に倒産している。負債額17億円、92年売上16億円である。98年に泰流社（創業昭和47年）は負債額2億1000万円で倒産している。返品増による資金繰り悪化のためである。

銀行時評社は2002年に負債2億3000万円で倒産。

法律書の六法出版社も2004年に負債7億円で破産。同社は1960年創業、資本金5200万円、本社名古屋千種区、従業員11人。03年売上1億7500万円。名古屋の本社新築に伴う借入金負担が重荷となった。

■ 歴史書版元の浮き沈み

仏教書の東方出版は2008年負債3億8547万円で民事再生、後に再建している。

くずし字や歴史書の出版で人気のあった近藤出版社は1991年に倒産した。歴史書懇話会のメンバーであった。

小沢書店は2000年に倒産した。同社は1971年創業し、文芸論、詩集、歴史書を中心に質の高い出版活動を続けていた。95年年商は3億8000万円であったが、99年は1億1000万円に落ちた。所有不動産の売却や販管費の削減でしのいでいたが回復しなかった。

■ 教育書版元の浮き沈み

同年に教育書のあゆみ出版も倒産している。同社は1973年創業、教養専門出版社として教師向けの学習指導書を中心に営業していた。松田貞男社長も頑張ったが負債8億円で倒産。99年売上5億円だった。教育書の創隆社は東京標準の子会社であったが、親会社倒産のあおりで連鎖倒産している。

教養文庫の社会思想社が2002年に消えたのは残念である。読みたいテーマの本が教養文庫に多くあったからである。今は古本市場でしか会えない。負債総額6億8000万円。債権者は著者など800人。売上は02年は1億2000万円で、ピーク時の10分の1であった。

2002年に創樹社が負債2億2700万円で倒産している。08年に歴史春秋出版、あいであ・らいふ（負債22億円）が倒産している。

5.3　消えた出版社 (その3)

■　一般書の浮き沈み

　一般書籍、単行本の出版社で懐かしい版元は多い。

　サイマル出版会は1999年に負債50億円で倒産した。刊行点数1200点と、多くの話題書を刊行しながら創業30年にして倒れた。

　光琳社出版 (創業1927年) は負債10億円で自己破産した。これで京都の美術本の出版社、京都書院と同朋舎出版が全部倒産してしまったことになる。京都を愛好する美術書ファンにとっては悲しいことである。

　嶋中書店は1985年に中公インターナショナルとして発足、92年に社名変更したが2007年に破産した。負債は4億9200万円であった。

　『買ってはいけない』の夏目書房は2007年に倒産。若者むけのファッション系雑誌発行の英知出版は07年23億円の負債で倒産。01年売上60億円、04年32億円になってしまった。

　アスキーの書籍部門として独立したアスコムは『NHK ためしてガッテン』や田原総一郎の本、松山千春の出版物を出し、一時は好調であったが、2008年2月に事業を停止。その後の民事再生で再建を果たしている。

　朝日ソノラマも07年に朝日新聞本社に引き取られた。詩の出版社としてユニークな存在であった弥生書房は08年に廃業。書店の詩の棚が淋しくなってしまった。

　2006～09年は倒産が多い。06年マンガ出版のビブロス、07年つりやアダルトなどの雑誌や書籍を発行していた桃園書房、チクマ秀版社、あおば出版、生活情報センター、雄出版 (負債9億) が倒産。08年はまの出版、アーカイブス出版、09年ナイタイ出版、草の根出版…などである。

■　雑誌出版社の浮き沈み

　雑誌出版社の倒産も多い。1996年『世界画報』で有名な国際情報社が負債80億円で倒産した。99年オートモーター誌のベルタ出版 (負債2億3千万円)、2001年将棋ジャーナルのさくら出版 (負債2億4000万円)、02年企業特集誌

『貿易之日本』の貿易之日本社（負債1億7800万円）、03年週刊釣りサンデー、04年デル・プラド・ジャパン（スペインのパートワーク誌）、06年アダルト系雑誌の老舗版元平和出版（負債10億6千万円）、09年『月刊いきいき』を発行していた社会保険新報社、外車誌のウィズマン、バウハウスから事業を継承したメディア・クライス、10年『月刊アドフラッシュ』のアド出版、旅行雑誌の新風社、男性ライフスタイル誌のKI＆カンパニーなどである。

■　多角経営版元の浮き沈み

　1992年6月に倒産した六興出版は『宮本武蔵』『太閤記』の発行で馴染み深かった。東京・江戸川橋に地下一階、地上6階の堂々たるビルを91年に竣工、多くの招待客で大変な盛況であった。

　しかし翌年に破綻をきたした。それは地下に作られた貸スタジオ（総額12億円投資）の建設資金の借り入れ債務の返済で資金繰りが悪化、一挙に倒産の憂き目を見た。出版部門の破綻による倒産ではなく、貸スタジオに手を出し失敗した例である。

　六興出版は1940年（昭和15年）、作家の吉川英治の親族らによって創業された出版社で、吉川英治の著作を多数出版していた。取締役会長の吉川文子は吉川英治の妻である。出版部の年商は5億5000万円、資本金3000万円、負債総額は41億2012万円であった。

■　レンタルビデオ版元の浮き沈み

　1992年8月に倒産した大陸書房は廉価版ビデオで、市場形成の推進役であった。郊外型書店でレンタルビデオが盛況の中、市中の書店では出版社系セルビデオは福音的な商品であった。

　書店の一隅に棚を設けるだけで陳列でき、売れたのである。書店業界でセルビデオのリーディングカンパニーが大陸書房だったのである。追われる立場の大陸書房は、同業他社との過当競争が激化するなか、商品力強化を狙った"熟女シリーズ"などアダルト路線の新作ビデオの売れ行きが低迷した。

　一方でスタジオの開設など、多角化により資金繰りに行き詰まり、急激に経営が悪化した。同社は1967年（昭和42年）に創業、塚田友宏社長、資本金5億3580万円、従業員98名である。負債総額は65億円であった。

5.4　消えた出版社（その4）

■　子供向け版元の浮き沈み

　2002年に『原色怪獣怪人大百科』がベストセラーになるなど、子供向け書籍に強さをみせた勁文社が負債25億円で倒産した。97年の年商は28億7100万円であった。

　2005年にはメタローグが負債1億2700万円で倒産している。『ブック・ナビ東京』の発行元である。そのほか若木書房、コーキ出版、ノア企画、ノーベル書房、ティーツー出版、伝統と現代社なども今はない。児童書の民事再生は直近のことである。

■　教科書会社版元の浮き沈み

　民事再生を断念した教科書会社の大阪書籍の破産は驚きであった。負債66億2700万円であった。

　1999年に秀文出版（中学英語教科書版元）が負債10億9600万円で倒産したが、教科書は学校図書に引き継がれた。

　2004年に日本書籍が負債8億8500万円で倒産している。同社は戦前の国定教科書時代には高いシェアを有していたが、戦後の検定教科書制度下には事業を縮小し、小中向け国語、社会科の教科書、副読本を出版していた。90年には年商10億円あったが、少子化や競争激化などで、03年には売上は3億1300万円に落ち込み破産に追い込まれた。

■　自費出版版元の浮き沈み

　21世紀初めに自費出版ブームがあったが、倒産も多かった。新風舎は負債20億円で破産、碧天舎は8億6千万円で破産、短命であった。地方出版にも破産劇はある。長野市の銀河書房は2億円の負債で倒産した。

　直木賞作家を輩出した名古屋の海越出版社は1999年に負債1億4千万円で倒産した。岐阜の老舗書店として有名であった大衆書房は岐阜県の郷土史関係書を一手に発行していた。しかし大衆書房が廃業したために地方出版も無く

なってしまった。同様の例で、千葉多田屋の出版部であった千秋社も、親会社倒産のために発行はなくなった。

■少子化による学参出版社の受難

　少子化、受験環境の変化で学参が売れなくなった。受験もの、問題集、ドリルなどは悲惨である。小学参、ドリルで書店の棚を勢いづけてくれていた教学研究社が2012年7月に破産した。1947年創業の小中学参版元で、「力の5000題」は新学期の目玉商品であった。最高売上高は2003年の17億円、07年は12億5000万円となった。負債額は6億円である。関西学参で受験研究社と並んでいた教学研究社がなくなり、拍子抜けの感じである。

　新学期に無くてはならぬ教科書準拠の問題集、学習ドリルの朋友出版が2011年10月負債10億2100万円で自己破産した。本社売却で立て直しを図ったが支え切れなかった。創立は1959年で、89年には12億2000万円の売上があったが、2010年は5億1200万円と大幅ダウン、事業継続を断念した。

　2008年に教育書籍（本社・長野市）が倒産している。小学生のドリルの出版元である。上記の教学研究社、朋友出版、教育書籍に共通している点がある。それはいづれの出版社も各県教科書供給会社（教販）と取引があったことである。全国に教科書取扱店は3500店ある。教科書供給書店はほとんど老舗で、その地方の一流書店、有名書店のことが多かった。

　上記三版元の倒産で教販も教科書供給書店も皆迷惑を蒙っている。倒産出版社の参考書、ドリルは翌年には売れない。指導要領に沿った改訂がなされないからである。

　吉野教育図書（資本金9000万円、大阪・中央区）が負債17億円で2012年9月民事再生法の適用申請をしている。この会社は1949年（昭和24年）参議院議員の前田隆一によって設立された中学生用学習参考書の出版・販売の会社であった。学参書と同時に教科書出版もしていた。前身は吉野書房であったが、規模が拡大された1970年に吉野教育図書に改組した。販路は公立を中心に全国の中学校であり、社会科用語集ではトップシェアであった。98年売上高は18億3200万円であったが、少子化の影響で受注量が低下、教科書改訂に伴う商品点数の減少などから売上がダウンした。11年には13億7500万円に落ち込んだ。金融債務が膨らみ、資金調達も限界となり今回の措置となった。

5.5 転んだ出版社（その1）

　これまでの調査は1991年以降のものであるが、この年以前に大手出版社の倒産劇があったことを忘れることは出来ない。筆者はこれらの出版社を転んだ出版社と申しあげたい。

　しかし各出版社は倒産を薬にして、経営危機を打開し、発展のバネにして見事に立ち直っている。倒産を勲章にしたから再建できたのである。

■ 河出書房新社の浮き沈み

　河出書房新社は戦後二度転んでいる。一度目は1957年（昭和32年）である。

　年間963点（1956年）、一日約三点の刊行ペースであった河出書房が1957年3月30日に倒産した。負債額は7億2937万円であった。倒産の理由は自転車操業出版にあったと『出版年鑑』は記している。河出の倒産は当時の出版業界に反省を促す警鐘であった。

　取締役会長の河出孝雄は責任を感じ、新企画を次々に発表、1959年（昭和34年）秋から刊行された『世界文学全集』がベストセラーとなり、61年に出た『何でも見てやろう』（小田実著）は年間ベストセラー第二位となり、再建に貢献した。62年の『ロリータ』（V.ナボコフ著）、63年『ルノアール（世界の美術17巻、第一回配本）』（座右宝刊行会編）もベストセラーになった。

　『世界の美術』はスキラ判（約18cm×16.5cm）という、真四角な判型で、金色の表紙は目だった。ルノワール、セザンヌ、ゴッホ、ゴーギャン、ミレー、ミローなどの配本もベストセラーとなり、廉価版美術全集の嚆矢であった。

　日本の家庭に美術書が蔵書されるきっかけとなった。その他『世界文学全集二集19巻　怒りの葡萄』『豪華版世界文学全集』『カラー版世界文学全集第一回配本　戦争と平和』…と全集の河出書房は飛ぶ鳥を落とす勢いであった。

　その決定打は、レコードによる『世界音楽全集』全24巻、第1回ベートーベン1で、定価1250円発売特価680円の大成功であった。

　1966年（昭和41年）に55億円であった売上は、翌1967年には105億円と驚異的な伸びであった。

　しかし河出書房と講談社は『世界音楽全集』でしのぎを削ると同時に華やかな販売合戦を繰り広げていた。宣伝の行き過ぎが命取りとなって、河出書房は二度目の倒産をした。派手な宣伝、広告、マス・プロ、マス・セール、過大な報奨制度は業界の中でも突出していた。全集の河出といわれ、廉価も追い風で、確かに店頭では売れに売れていた。

　1967年には25点の全集を刊行している最中、負債32億円で倒産した。駿河台の社屋と土地、新宿・住吉町の河出興産の千坪の土地を売り、負債の返済に充てた。最盛期420名の社員は10分の1になり、出版点数も絞った。苦節十年にして河出書房新社の新路線が敷けたのである。

■　三笠書房の浮き沈み

　1968年に転んだ三笠書房（負債3億円）は、当時、営業担当であった押金富士雄が、倉庫に山積みされていたクローニン全集を売ることを決意した。書店新風会の例会に押しかけ5掛でよいから売って欲しいと懇望、倉庫を空っぽにし、見事今日の土台を築いたのである。

■　三省堂の浮き沈み

　三省堂（亀井光忠社長、資本金5000万円）は『コンサイス』『明解国語』『広辞林』など知名度の高い多くの辞書を刊行していたが、独走の『コンサイス』も後発の他社の辞書に追い付かれ、追い抜かれるなどのダメージを受けていた。致命的な打撃となったのはオイルショックによる紙高騰の時のシール販売事件であった。1974年2月、紙の高騰を理由に値上げに踏み切り、辞書の旧定価の上に新価格のシールを貼り販売しようとしたが、大学生協などのボイコットに会い、社会的問題にまでなった。

　新聞にも大きく報道され、売上が激減、返品急増を招き、倒産に追い込まれた。11月26日、東京地裁に会社更生法の適用を申請した。

　負債総額は52億円である。これに伴い、同社の専属取次店である三省堂販売（亀井光忠社長、資本金500万円）も27日同法の適用を申請した。負債総額は4億円、合計で56億円。11月29日、更正法に基づく保全命令を受け、再建の足掛かりをつかんだ。不動産の売却、印刷部門独立などを図った。1984年に更正終結を果たしたのである。

5.6　転んだ出版社（その2）

■　筑摩書房の浮き沈み

　筑摩書房が1978年7月12日、東京地裁へ会社更生法を申請、事実上倒産した。筑摩倒産のニュースは出版界、マスコミ、読者に大きな衝撃を与えた。

　負債総額53億円であった。債権者数は銀行6社、用紙、印刷、製本など下請業者80社、著者200名、取次15社である。倒産の原因は、返品・在庫の急増による資金不足、ヤング向け企画の失敗、人件費による資金圧迫などであったが、陰口では「労務倒産では？」と言われたりしたが、読者、書店は筑摩書房の良心的な出版態度に接していたので、支援する声が全国各地から起こった。

　日書連が会長名で『返品はできるだけしないように』と会員書店に訴えた。全国の書店から続々と支援の声があがった。『がんばれ筑摩』と、筑摩支援が大学生協にも広がり、夏休みが明けた9月から東大を皮切りに早大、中大でブックフェアが開催された。

　11月15日、東京地裁は会社更生法適用を認め、更正手続き開始を決定した。翌16日付で社員の4分の1にあたる53人が希望退職し、残る153人にも同日から35％の賃金カット実施で会社、組合が合意に達した。

　発刊面では12の全集を引き続いて刊行することを決めた。『展望』（発行部数3万部）『言語生活』（1万3000部）『ちくま』（3万5000部）など月刊誌は8、9月号は休刊、10月以降は検討中。その負債が15年で返済されたのは驚異である。松田哲夫は「倒産がプラスに働いた」と述べている。

■　平凡社の浮き沈み

　平凡社（社長下中邦彦、資本金1億3000万円）は1914年（大正3年）に創業。『世界大百科事典』『国民百科事典』は200万セットも売れ、花形商品となっていたが、70年代半ば以降は売れ行きが落ち始めた。1981年（昭和56年）に経営不振のため本社ビルや敷地を売却、80人が希望退職している。

　1986年（昭和61年）に再度、経営改善に迫られた。これは85年11月以降、新しいタイプの『大百科辞典』の売れ行きが伸びず、借入金返済の目途が立た

なくなったためである。改善計画は、

1. 　役員を刷新し、三省堂会長である上野久徳氏に経営の建て直しを委ねる。
2. 　従業員151人のうち45歳以上を対象に希望退職者を募って70人規模に縮小するほか、従業員の基本給も10％カットし、減量経営を図る。
3. 　65億円の借入金を、3ヵ所にある所有地を売却するなどして30億円程度に減らす。

■ 誠文堂新光社の浮き沈み

誠文堂新光社は1997年9月末決算時には43億5000万円の売上高を計上し、増収増益の好決算であったが、翌98年同期決算では売上高は30億円台後半になる見込みとなった。

誠文堂新光社は1990年（平成2年）に不動産管理会社の和泉創建と合併し、その後子会社として設立した和泉デベロップメントインターナショナルが東京・九段にビルを建設した。同ビルは1998年3月に売却したものの、地価が3分の1に下がってしまい、保証債務が残ってしまった。

小川茂男社長は、誠文堂新光社の出版事業の死守、社名存続の道を選び、編集畑30年のベテラン瀧田実に出版事業の全権を与え、86年の歴史を維持した。新体制移行に伴い『HERB』と『ねこ倶楽部』の二誌は休刊となり、『ブレーン』は宣伝会議に譲渡された。継続された雑誌は『天文ガイド』『アイデア』『愛犬の友』『MJ 無線と実験』『囲碁』『農耕と園芸』『フローリスト』である。

■ 主婦と生活社の浮き沈み

1998年1月主婦と生活社は50人の希望退職者を募集し、定員数の応募があった。同社では96年4月に名古屋支社、97年3月には大阪支社と福岡支社を閉鎖するなど合理化を進めていた。97年春創刊した女性月刊誌『ハル』は同年11月に休刊、96年創刊の女性向けコミック誌『ヤングベリー』も98年1月に休刊した。

業績不振による資金調達難に対して、会社は人員整理、昇給凍結、50歳以上の社員で退職金の5割増しを条件とした策など、98年は試練の年であった。業界全体の落ち込みもあるが、縮小均衡経営で2009年現在122億円の売上を保っている。

5.7 転んだ出版社(その3)

■ 保育社の浮き沈み

　図鑑出版を主力とする保育社(大阪・東大阪市、今井悠紀社長、資本金4800万円、従業員21人)は1999年10月18日までに大阪地裁へ和議開始を申請していたが、22日付で保全命令を受け、自主再建に向け再スタートを切った。負債総額は2億6000万円である。

　同社は1947年6月設立。図鑑、文庫判のカラーブックス、皇室関連出版など得意の出版活動で80年7月期には売上高19億5000万円あった。しかし、ここ数年は『カラーブックス』の売上不振などが響き業績が悪化した。98年度売上高は3億5000万円まで落ち込んだ。

　大口債権者である印刷、製本、用紙業者に対して、債権の約40％カットと残債の6年返済を要請し、業者側に大筋で認めてもらった。負債総額のうち、1億3000万円前後の債権をもつメインバンクの富士銀行今里支店でも、担保物件との相殺により債務清算する方向で合意している。

■ 柴田書店の浮き沈み

　料理関連書の老舗出版社柴田書店は2002年2月8日、東京地裁へ民事再生法の申請を行い、同日同地裁より財産保全命令を受けた。負債は約39億円。債権者は106人であった。再建案は、負債総額約39億円のうち40％強を、10年間で返済していこうというもの。社員数は50人と現在のままで、事業を継続して行く。継続発行の雑誌は『食堂』『専門料理』『ホテル旅館』『カフェ・スィーツ』であり、書籍も継続発刊して行く。

■理論社の浮き沈み

　理論社は業界の論客だった小宮山量平が1947年(昭和22年)に創業した児童書版元である。学校図書館などへの納入で堅実は実績を重ねてきたが近年、大人向けの文芸書やサブカル(サブカルチャ)路線をとったが失敗、経営破綻した。負債22億円。日本BS放送に事業譲渡した。従業員、商号はそのまま引き継がれた。

消えた出版社—番外編

　2006年〜10年の直近5年間に50社の出版社が倒産している。これに関連して印刷、紙、製本、広告業者の倒産も多い。

　筆者はその業界については素人なので詳しい事情はわからぬが、『新文化』紙上に掲載されたものを記してみよう。

■　印刷関連会社の倒産

　印刷では2007年サトウ印書館が負債6億400万円で倒産。10年にファーストプリント印刷（オフセット印刷）は負債1億円で倒産している。

　製本では明星堂が倒産、10年にサクラ紙工製本が倒産している。サクラは辞典、地図を専門とする製本業であった。95年創業、負債3億6000万円であった。03年の売上は1億700万円であった。

■　広告関連会社の倒産

　広告では1948年創業の老舗中堅広告代理店三幸社が2002年に負債56億円で倒産している。売上は98年当時234億円、01年210億円であった。ドーム広告社は97年に負債22億1500万円で自己破産した。倉庫・不動産関連では光文社の子会社である光文恒産が、09年に会社を解散している。

■　書店関連会社の倒産

　書店向け販売用グッズを製造販売していた、出版サービスは2009年に倒産している。やや古くなるが図書館用品・家具・備品の大手であった伊藤伊が1980年代に姿を消している。

　有名古書店では弘文荘、波木井書店、文求堂、巌松堂などが廃業している。

5.8 残った出版社（その1）

　他人資本を受けて新体制になった出版社である。営業譲渡によって経営者は交代したが、社名、出版事業は残ったのである。M&A といわれることもある。

■ 読売新聞社の M&A による中央公論社の浮き沈み

　1998年11月2日、創業1886年（明治19年）の老舗出版社、中央公論社が読売新聞社の傘下に入ることが報道された。中公の資本金は1億2020万円、社員数126人、97年売上は120億円であった。

　中央公論社の経営不振は噂になっていた。約1130億円の負債をかかえ、その成り行きが注目されていたが、突然の読売支援で、出版界のみならずマスコミ全体が大衝撃に見舞われた。

　読売新聞社と中央公論社の合意の内容は、

1.　営業上の諸権利と出版在庫を読売新聞社の100％子会社に有償で譲渡すること。
2.　不動産についても同様な措置をとる。
3.　新社の名前は株式会社中央公論新社とする。
4.　嶋中雅子会長兼社長は新社の会長に就任する。
5.　99年2月1日を新社設立の目途とする。
6.　新社社長に読売新聞調査研究本部長中村仁氏が就任する。
　　（中村は公取委の『規制緩和研究会』（鶴田研究会）のメンバーであった。）

　中公新社への転籍を承諾した中公の社員については中公新社が全員雇用した。こうして中央公論新社は1999年2月から新しい船出をしたのである。

■ アシェット社の M&A による婦人画報社の浮き沈み

　婦人画報社は1999年3月18日に開催した『臨時株主総会』で、フランスの大手出版社アシェット・フィリパッキ・メディアと業務提携することを発表した。そして5月にアシェット社に全株式を売却し、完全子会社になった。買収金額については公表されていないが、98年度の婦人画報社の売上高が約150

億円に上がることから、最低でもその半額程度の投資があったと推定されている。婦人画報社の資本金は2600万円である。

　売却の要因は、本吉社長によると、96年から経費削減を実施して収益改善を図ったものの、海外クライアントからの広告収入の激減によって業績が回復せず、さらに取引銀行の貸し渋りなどにより今後の経営に不安を抱いていたという。最終的には婦人画報社の存続・発展のための最良の道を判断したという。アシェット社に対して、「婦人画報社社員の人員整理を行わない」「婦人画報社の社名を残す」「編集方針など従来の経営を尊重する」という三点を要望し合意を得た、としている。2011年7月から、ハースト婦人画報社となった。

■　インプレスのM&Aによる関連三社の浮き沈み

　パソコン書出版社のインプレスは1994年にラジオ技術社を買収した。インプレス社はアスキー（社長西和彦）を退社した塚本慶一郎と郡司明郎が作った会社である。新規取引の口座開設の際、取引条件を有利に設定することは大事なことである。

　当時、月刊誌ラジオ技術とパソコン実用ガイドを発行していたラジオ技術社（1954年創立、社長・堤輝正、資本金1000万円）にインプレス社は着目、吸収合併し、堤を役員として迎えた。

　新規出版社の取引条件より好条件であることは言うまでもない。その後、インプレス社はパソコン書のリーディングカンパニーとなった。

　M&Aはさらに進み04年に近代科学社を買収した。07年に山と渓谷社を買収した。この時の買収金額が5000万円と全国紙に報じられ、業界人はその安価に驚いたのである。

　山と渓谷社は1930年（昭和5年）創業の老舗出版社である。川崎吉蔵（創業者）から川崎吉光に社長が引き継がれた。雑誌出版は登山からスキー、旅行、キャンピング、フィッシング、アウトドアへと拡がっていった。書籍でも『日本の野草』『山渓ポケット図鑑』『山渓カラー名鑑』などベストセラーを擁していた。

　ところが21世紀になってからは、競合誌、出版界の低迷などで山渓の経営は下降していた。そこでインプレス社からのM&Aに乗ったわけである。

　しかし出版とは皮肉なものである。パソコン出版社にはレジャー出版は思うように行かず、2010年時、不振だと報じられている。

5.9　残った出版社（その2）

■　辰己出版のM&Aによる日東書院の浮き沈み

辰己出版が日東書院を2006年2月1日に傘下に入れた。日東書院（1970年創立、社長古明地孝雄、資本金2100万円）は実用書系の老舗出版社であった。常備店2600店と業界トップの販売力を有していた。

辰己出版は、販売シェアの95％が雑誌であるので、書籍の日東書院を掌中にすることは総合出版社へのステップになり、M&Aの効果が期待できる。買収後2年で経営を軌道に乗せ、書籍の販売シェアを3割程度にしたいとしている。日東書院の倒産の原因は北海道への不動産投資であった。

■　明石書店のM&Aによる福村出版の浮き沈み

福村出版が、人権関係書を多く発行する明石書店（1978年創立、社長石井昭男、資本金1000万円）に全株譲渡した。これは福村惇一社長から2007年6月に石井社長に対し、事業継承の相談が持ちかけられたことから始まった。

福村出版は1939年（昭和14年）創立の老舗（資本金2000万円）で、心理学、教育分野の専門出版社であった。

明石書店が福村出版の全株取得が全くスムーズに行われたのは珍しいケースである。これは福村出版が無借金経営であったこと、福村社長が元気なうちに事業を継承したいという希望にたいし、明石書店の石井社長の希望が合致したからである。石井社長の希望とは当時社員が55名と事業規模が拡大していたことに、専門出版社は30人体制がよいと考えていたからである。30人規模のグループに分社化を考えていたので、希望と合致したのである。福村出版の出版事業、人員も全部引き継がれた。

■　文芸社のM&Aによる草思社の浮き沈み

草思社は2008年7月30日から文芸社の完全子会社となった。草思社は1961年加瀬昌男によって創業された。徳大寺有恒著『間違いだらけのクルマ選び』は続編も併せて100万部を超えるベストセラーであった。この他、齋藤

孝の『声に出して読みたい日本語』、川島令三の『全国鉄道事情大研究』、ポール・ケネディの『大国の興亡』、クリフォード・ストールの『カッコウはコンピュータに卵を産む』など、業界ではベストセラーメーカーとして有名であった。

中でも「本のタイトルを付けるのが上手い」という定評があり、特に翻訳書において原タイトルとは全く違う文言をタイトルにするのは得意技であった。

草思社は1997年10月期売上は39億円であったが、2006年同期は16億2000万円と半分以下になってしまった。負債額は22億円であった。

■ 中経出版のM&Aによる新人物往来社の浮き沈み

新人物往来社（1955年創業、社長・菅春貴、資本金1億300万円、従業員30名、年商8億円）は2008年12月1日、中経出版に吸収合併された。中経出版は新人物往来社のコンテンツや人材を評価している。

一方、新人物往来社は中経出版の営業力を高く評価している。当初は協業関係を築くためであったが、その後、菅春基社長が、本業の「チェリオ」の飲料事業に経営資源を集中するため、今回の営業譲渡となった。

■ ダイセイコーグループのM&Aによる金園社の浮き沈み

2009年に実用書版元の金園社はダイセイコーグループにM&Aされた。社名、出版事業、在庫、社員はすべて譲渡、継続されている。

譲渡の原因は金園社の松木茂社長の高齢化、後継者なしと、事業継続、社名存続を強く願ったからである。

コラム

書店・取次人の年収

社名	年収	平均年齢	社名	年収	平均年齢
トップカルチャ	398万円	31歳	まんだらけ	361万円	29歳
三洋堂書店	425万円	32歳	ゲ　オ	420万円	35歳
丸　善	577万円	41歳	Ｃ　Ｃ　Ｃ	649万円	39歳
文　教　堂	677万円	47歳	す　み　や	511万円	41歳
ヴィレッジヴァンガード	479万円	32歳	日　販	673万円	42歳
ブックオフ	488万円	29歳	トーハン	606万円	42歳

出所：小田光雄『出版状況クロニクル3』（論創社）より

5.10　撤退した出版社（その1）

　消えた出版社、転んだ、残った出版社とは別に出版界から撤退した（逃げた？）出版社にベネッセとトッパンがある。

■　ベネッセの出版部門の縮小と他業種への事業展開

　ベネッセの創業は1955年（昭和30年）、創業者は福武哲彦である。スタートは福武書店であった。進研模試で有名であった。1981年（昭和56年）には出版社申告所得ランキングで46億円となり、業界6位に急成長していた。この年に雑誌『海燕』を発刊、吉本ばななを育て、4年後に福武文庫を立ち上げた。この間、哲彦が急逝、二代目社長に長男総一郎が41歳で就任した。1990年（平成2年）に社名をベネッセ（ラテン語で「よく生きる」）に変更し、95年大証二部、97年大証一部に上場した。

　創立40周年の1995年から出版路線に変化が見られる。出版は全売上の数％に過ぎないこと、景気の変動が激しく、常に返品に悩まされる、委託に疑問を持つのは当然である。この年に文芸部門の縮小策を打ち出し、『海燕』を休刊し、福武文庫も戦線縮小した。

　一方でベネッセの企業コンセプトである胎児から介護までの精神を新雑誌の発刊で表した。書店向けに『たまごクラブ』『ひよこクラブ』を同時創刊、続いて『サンキュ！』『Goody』『たまひよこっこクラブ』も創刊した。しかし出版の特化を図る意味で『ねこのきもち』『いぬのきもち』は買切でスタートした。

　これはマーケットをよく研究した成功路線であった。女子大生の就職希望ランクの上位に常にあるのはベネッセの企業コンセプトが出産から育児〜高齢介護までと、女性マーケットにウエイトがあるからであろう。因みに09年度出版売上実績は1207億円である。

■　トッパンの出版部門の縮小と他業種への事業展開

　トッパンの出版部門の創業は1963年（昭和38年）である。書店店頭ではトッパンの絵本（写真によるもの）と小学館の育児絵本（画家の描いたもの）が双璧

であった。鮮明、リアルなトッパン絵本を好む親、画風タッチの育児絵本を選ぶ人に分かれていた。装丁、造本にも配慮された絵本であったが、テレビで育つこどものキャラクター志向に押されたのであろう、2000年になってから店頭からトッパン絵本は姿を消した。『出版年鑑』の名簿に社名が載ら無くなってしまった。もちろん、出版社売上にランクされることもない。

コラム

明治・大正に創業した出版社

明治・大正期生まれの出版社を列記してみよう。

社名	創業年		社名	創業年	
法蔵館	1595年	慶長年間	JTBパブリッシング	1912年	明治45年
吉川弘文館	1857年	安政　4年	誠文堂新光社	1912年	明治45年
丸　善	1869年	明治　2年	ダイヤモンド社	1912年	明治45年
有斐閣	1877年	明治10年	岩波書店	1913年	大正　2年
春陽堂書店	1878年	明治11年	診断と治療社	1914年	大正　3年
南江堂	1879年	明治12年	平凡社	1914年	大正　3年
三省堂	1881年	明治14年	オーム社	1914年	大正　3年
河出書房（⇒河出書房新社）	1886年	明治19年	白水社	1915年	大正　4年
中央公論（⇒中央公論新社）	1886年	明治19年	主婦の友社	1916年	大正　5年
博文館（博文館⇒新社）	1887年	明治20年	大修館書店	1918年	大正　7年
大日本図書	1890年	明治23年	春秋社	1918年	大正　7年
増進堂受験研究社	1890年	明治23年	日本評論社	1919年	大正　8年
文光堂	1892年	明治25年	金の星社	1919年	大正　8年
創元社	1892年	明治25年	キネマ旬報社	1919年	大正　8年
裳華房	1895年	明治28年	新美容出版	1919年	大正　8年
東洋経済新報社	1895年	明治28年	日本医事新報社	1921年	大正10年
明治書院	1896年	明治29年	医歯薬出版	1921年	大正10年
新潮社	1896年	明治29年	文英堂	1921年	大正10年
実業之日本社	1897年	明治30年	小学館	1922年	大正11年
婦人之友社	1903年	明治36年	文藝春秋	1923年	大正12年
第一法規出版	1903年	明治36年	求龍堂	1923年	大正12年
美術出版社	1905年	明治38年	家の光協会	1925年	大正14年
ハースト婦人画報社	1905年	明治38年	廣川書店	1926年	大正15年
フレーベル館	1907年	明治40年	共立出版	1926年	大正15年
阪急コミュニケーションズ	1908年	明治41年	新建築社	1926年	大正15年
研究社	1908年	明治41年	帝国書院	1926年	大正15年
淡交社	1908年	明治41年	集英社	1926年	大正15年
東京書籍	1909年	明治42年	自由国民社	1926年	大正15年
講談社	1909年	明治42年			

出所：『出版年鑑』2012（出版ニュース社）
〈注〉「河出書房」「中央公論社」「博文館」はそれぞれ新社になっている。

┌─ コラム ─┐

消えた出版用語

三号雑誌（さんごうざっし）　雑誌発行の継続が出来ず2、3号で休廃刊してしまう雑誌。戦後、カストリ焼酎は三合飲めば酔い潰れるほどアルコール度は強く三合と三号を引っ掛けて寿命の短い雑誌の代名詞であった。

三六判（さぶろくばん）　四六判、菊判は生きているのに三六判の言い方はしなくなった。現在の新書判に相当する本のサイズのこと。

アンカット　三方の小口を折丁のままの状態で、化粧裁ちをしないままで製本したものを言う。

黒塗り教科書　第二次大戦後、小中学生が学校で、教科書を墨で塗りつぶす作業を行った。先生の号令で、軍国主義につながる語句を塗りつぶした。

グラシン紙　透明な薄い紙、岩波文庫にかけられていた。

検印（けんいん）　著者と出版社の信頼関係の高まりによって、著者は本の奥付に検印することは無くなり、押印という仕事から解放された。

国定教科書（こくていきょうかしょ）　検定教科書の反対語。戦前の国策に沿った教科書を言う。

小口金（こぐちきん）　小口を金箔で装飾したもの。三方（天、地、前小口）を装飾したものを三方金と呼んだ。贅沢な本である。

袖珍本（しゅうちんほん）　この表現をする人は少なくなった。袖やポケットに入れて携帯できる小型本のことである。文庫、新書が現代版袖珍本である。

活版印刷（かっぱんいんさつ）　コンピュータの出現で印刷革命が起こり、DTPと交替し、印刷手段として後退した。

文選（ぶんせん）　活版印刷時代のなごり、活字組版工程の一部。この作業に従事する人を文選工と言った。

植字（しょくじ）　活版印刷衰退で活字組版の植字という仕事はなくなった。

版下（はんした）　印刷製版用の文字や図版などの原稿のこと。DTP時代になりほとんど見かけなくなった。

紙型（しけい）　活版印刷の衰退と共に紙型は無用となり姿を消した。かつては出版社の財産として大事にされたのだが、お目にかかることはない。

プレスコード　戦後、GHQによって施行された新聞、出版に対する言論統制、一部削除・保留・発禁などの検閲基準があったが、対日平和条約発効で没となった。

第6章

書店盛衰記
─消えた書店への賛歌─

この章の概要

　北海道から沖縄まで、消えた有名書店を調べてみると95店あった。共通することは、地方の老舗書店の廃業の多いことである。

　創業最古は島根・園山書店で1811年（文化8年）であった。明治期13店、大正期2店、昭和戦前8店、計24店である。

　大都市では少なく、八王子・鉄生堂が1886年（明治9年）、大阪・駸々堂が1881年（明治14年）であった。

　明治、大正、昭和を通じて地方文化に貢献した老舗書店が、高度経済成長期後、1990年以降の廃業が目立つ。廃業の理由は、無理なチェーン展開、商店街の地盤沈下、大型書店出店の影響、後継者なし、経営意識の喪失など色々である。

　廃業店を責めるつもりはないが、時代対応に遅れてじり貧になり、廃業に追い込まれた書店は多い。マーケットの変化に敏感でないと、読者を失うことになる。書店地図が大幅に塗り替わってきている昨今の状況を憂いているが、書店史の資料として、老舗書店の名を記録し、「本の世界に生きた書店人たちの努力」に敬意を表したい。

6.1　消えた書店（北海道・東北ブロック）

　時代対応は読者の創出なのである。すでに40年前に起こった書店革命に乗り遅れた書店、乗り損なった書店は廃業の憂き目を見ている。IT武装は時代の要請だったのである。

　筆者が消えた書店の中で一番印象的だったのは駸々堂の廃業である。歴史の皮肉は、駸々堂の三宮出店がジュンク堂の発展をうながし、自店の廃業の原因の一つになったことである。

　ここに記した消えた書店には、大型チェーン店の撤退店は含まれていない。彼らは撤退で済まされ、本体の営業は継続されるが、ローカルチェーン店や独立店は廃業で終焉を迎える。地域密着書店が消え、大型店は採算が取れなくなると撤退してしまう。地元読者にこれ以上迷惑をかけてはならないと感じた。

■　北海道ブロック

　毎年多くの書店が廃業している。地方出張したときや、旅行したとき、この辺に書店があったはずだと思い、地元の人に尋ねると数年前にやめたという。こうした現象は都市部では日常茶飯事になってきた。しかも有名書店の廃業の多いことに驚くばかりである。北海道から沖縄まで、消えた書店の軌跡を追ってみよう。

＜北海道＞

　書店新風会の会員だった函館の森文化堂が廃業したのは2004年であった。社長の森祐平は大学卒業後、実業之日本社で修行をしてから店に戻った。1973年（昭和48年）には松風町の本店を新築している。地域の文化に貢献した店であったが、周辺の地盤沈下には勝てなかった。岩見沢の本のみせ・ふるかわ（古川春雄社長）は街の中心にあり、店売も好調であり、外商にも熱心な店であった。釧路の山下書店は1972年に書店新風会に入会しているが、1990年代にチェーン店を文教堂に身売りし、山下書店の店名は無くなった。

　帯広の田村書店も本をよく売った。和服の似合う美人社長夫人が有名であった。各出版社の販売コンクール入賞の記念パーティにはほとんど顔を出してい

た。田村書店サニー店は1984年当時110坪あったから、大型店であった。市内で一番学参を売る店であったし、また工学書もよく揃っていた。出版社が田村書店に足を運んだのは、外商力があったからである。各社の企画を選んで読者に結び付けていた。学校巡回も強く100校は掌握していた。

　札幌南一条にあった維新堂は、名前の通り歴史があった。1906年（明治39年）の創業であり、86坪の大型店だった。繁華街にあったので若い女性対象の本がよく売れていた。

　本のみせ・岩本、君島書店も北海道の書店文化に貢献した店であったが、今は無い。消えてはいないが、北海道全域500万人道民に親しまれ、愛されていた富貴堂の今の姿は悲しい。当時を知っているだけにその思いが強い。教科書は富貴堂で買うものと思っている人がいかに多かったか。クリスチャンの中村富蔵の富貴堂の朝礼は賛美歌で始まった。敬虔な書店だった。次の中村康社長も有名人であったが、故人となってしまった。現在の北海道はナショナルチェーン書店によって席捲されてしまっている。

■　東北ブロック
<青森県>
　青森県を代表する今泉書店（弘前・今泉幹一朗社長）の廃業は衝撃的であった。1892年（明治25年）の創業で、1968年（昭和43）年11月には鉄筋コンクリート5階建て、延べ600坪の社屋は、当時、東北一ではなかっただろうか。

　1974年5月1日には弘前市と共催で佐藤紅緑誕生百年記念行事を行っている。地域文化をリードした名実ともにNO.1書店であった。70年代の後半に紀伊國屋書店出店のあおりを受け廃業してしまった。

　現在、今泉良郎は青森県教科書供給所の社長として頑張っている。青森駅前で出版社がよく訪れた岡田書店は2009年（平成21年）に廃業している。駅前商店街の再開発により店は高層ビルとなり、店舗は2階売場となった。従来の路面店だった岡田書店のイメージは薄れた。再開発の被害者といってよい。岡田浩樹社長は青森トーハン会の会長であった。黒石市の祖父尼書店も2007年に閉店している。市内一番店であったが、人口減、読書人口の減少による売上減は如何ともし難かった。外商の努力も報われなかった。祖父尼氏も青森トーハン会の会長をしたことがある。

6.2　消えた書店（東北ブロック）

■　東北ブロック

＜岩手県＞

　盛岡市の中心地は書店のラッシュ地区である。さわや書店（日販帳合）の真ん前に第一書店（栗田）、その先に東山堂（トーハン）と通りに書店が並んでいるので、読者天国の街であった。その上盛岡の書店はカルチャー志向が強く、どの書店も喫茶とギャラリーを併営していた。道を挟んで真向かいが書店という立地も珍しい。街の中心地にある第一書店は創業1927年（昭和2年）の老舗であり、1階、2階140坪の書店で、ギャラリー並びに美術書の品揃えは市内一番であったが、丸善、ジュンク堂書店が出店する前に閉店してしまった。

　花巻市の梅津健一郎は日書連の役員もし、誠山房書店の社長であった。花巻、一関、水沢、盛岡各地に11店の店舗を有していた。本店は花巻市の繁華街に120坪の店であった。店売、外売のバランスのよい店であったが、地方都市の中心地の地盤沈下は想像以上のものであった。デパート経営を目指していたことが凶と出、兵どもが夢の跡となった。

＜宮城県＞

　仙台の御三家といえば高山書店、宝文堂、金港堂であった。1980年代には頭一つ出ていたのが高山書店であった。一番町商店街が全盛の時は良かったが、仙台のマーケットも変化している。その上中央から大型書店チェーンが進出し、大規模店を構えるようになり、地元書店は後退を余儀なくされた。高山書店の終焉は意外に早かった。

　八重洲書房を今知る人は少なくなった。みすず書房の出版物を1990年に全国で5番目に売った書店といえば、店の性格がわかるであろう。東京の八重洲ブックセンターと間違えられるが、全く関係ない。仙台駅前のサンスクエアビルの2階40坪の書店だった。谷口和雄社長が1970年（昭和45年）にオープンした店で、人文系の出版社が仙台に来ると、一番に顔を出す書店であった。

＜秋田県＞

　三浦書店は秋田市中通りにあり、235坪の売場は市内一番であった。1932

年（昭和7年）創業で、社長の三浦敬一の経営手腕は冴えていた。学参書で新学期の混雑ぶりは凄かった。専門書にも力を入れたので、総合書店として読者の支持は高かった。二代目三浦義明社長はホテルマンを経験してから三浦書店に入社した。新風会では会報副委員長として活躍したが店の方は、じり貧になってきていた。競合店に押される状態になり、店舗移転を期に秋田教科書供給所（秋田協同書籍）に売却したが、その店も2007年（平成19年）に閉店している。

　日書連・秋田県理事長の店であるブックス太郎と花子（湯沢市・川井寛社長）も無くなった。店の看板に宮沢賢治の詩「雨にも負けず、風にも負けず」の全文が書かれているので有名であった。太郎と花子の店名に相応しい店であった。

　もう一つは店頭・外商の強い店として有名であった。入店してきたお客様全員に企画商品、外商商品を女性社員、パート社員が奨めて予約を取るのである。店頭で100部、200部の予約はざらであった。この商法は全国に知られていたが、競合店の出店もあるが、突然、閉店してしまった。

　大館市の又久書店は地域一番店であった。大館市、鹿角市に7店舗を持つチェーン店であったが、2007年に廃業した。社長の越前啓一は日書連秋田県理事長や秋田トーハン会会長を長く勤めた人であった。大館に空港が開港しても書店には関係無かった。

＜山形県＞

　酒田市の堀青山堂は、戦後、酒田の大火に見舞われたが、見事に立ち直った様子が新潮文庫にもなっている。市内に駅前店、中央店、銀座店と3店あった。堀真一社長は若い頃千葉の多田屋で修業し、奥さんといっしょに庄内に帰った人である。郷土書のよく揃った店であった。2011年9月に破産し、今は無い。

＜福島県＞

　郡山駅から歩いて2分ほどのところに東北書店があった。間口3間半、奥行23間で、店は一階雑誌、新刊、文芸、文庫、新書、ビジネス書、実用書、二階社会科学、人文、理工学書、コンピュータ書、教育書、芸術書、3階こどもの本、小・中・高参考書、辞書だった。レジは各階中央にあった。東北書店の特色は240坪という、地域一番の売場面積と総合書店としての品揃えであった。ハードも良ければソフトとしての社員の資質の高いことも特色の一つであった。モータリゼーション時代以前は、東北書店は好立地であった。廃業の由は知らないが、街の灯が消えたことは確かである。

6.3　消えた書店（北関東ブロック）

■　北関東ブロック

＜茨城県＞

　鶴屋ブックセンターは茨城県一番の勢いがあった。繁華街の250坪（1,2階）の鶴屋ブックセンターは川又書店と共に水戸を二分する書店であった。ブックセンターの隣は親会社の鶴屋デパートであった。町の人に話しを聞くと衣料品に強かったという。ユニクロや島村が出てくる前の衣料品業界である。鶴屋ブックセンターは外商力があり、出版社には心強い存在であった。百科事典ブームの時には全国有数の売上を示した。1980年代までは店は存在したが…。

　土浦に教科書を扱う白石書店があったが、今はどの書店名簿を見ても無い。

＜栃木県＞

　玉藻書店の大島繁夫社長は研究熱心で、商品開発に力を入れていた。本店は今市市にあり、鹿沼にも店はあった。良書チェーン（書店経営の勉強団体）の幹部であった。大島氏は話が面白く、ユーモアたっぷりの人だったので、社長の周囲はいつも人で一杯であった。POSもレンタルもない時代の書店経営であるから、良書チェーンに集まる中小書店はどんぐりの背比べであった。他店の成功例はそのまま自店に利益をもたらしたのである。筆者もこの会で勉強させてもらった。玉藻書店が無くなっているのは悲しい。

　大塚書店の社長大塚宣は慶應義塾出身のインテリであった。早い時期に息子純夫にバトンタッチをした珍しい経営者であった。大塚宣は小柄であったがファイト満々の人だった。話し方はおっとりしていたが、商売は時代の先端をいっていた。良書チェーンのメンバーであった。大塚書店のあった栃木市はJR両毛線と東武鉄道の交差するところであった。大塚社長は大型量販店が進出する前に活躍した。新型商業施設の進出が廃業を早めさせたのであろう。

　うちやま集英堂は宇都宮の老舗書店である。1955年ごろ（昭和30年代）に発足した書店新風会の栃木県の代表店として、最初から加盟している。教科書供給の権利も持っていた。内山トクさんが店頭に長く立っておられたが、知らぬうちに店は無くなっていた。

＜群馬県＞

高崎市に学陽書房という書店があった。社長は佐藤博といって陸軍士官学校出身の毛色の変わった書店人であった。高崎の繁華街に70坪で商売をしていたから、繁盛店であった。社長は理想主義者であり、合理主義者でもあった。

30年も前から書店は個店では勝てない、チェーン化、共同化しなければならないと、桐生のミスズヤ書店や足利の岡崎書店と共同で工学書を工業地帯に巡回販売していた。文真堂書店がチェーン化を始める前の時代である。佐藤社長に商売を教えていただいたころが懐かしい。いつ廃業されたかは知らない。

サカモト書店（社長阪本一郎）は前橋ではユニークな書店であった。煥乎堂に比すべきではないが、繁華街に65坪の店舗であったから、1980年代では中型店であった。阪本社長の学識が読者の気持ちをとらえたのである。ベストセラーよりも良書普及に力を入れた。岩波、みすず書房の本が店に集められたことは言うまでもない。しかし前橋の繁華街も閑古鳥がなくようになった。サカモト書店も1990年代に終焉を迎えたのであろう。

＜埼玉県＞

所沢の繁華街プロペラ通りに東亜芳林Booksがあった。創業は1944年（昭和19年）だから古い。150坪の売場に県下随一の各ジャンル別売場を作り、学参、専門書、児童、コミック、文庫など売場スペースは広かった。1960年代一階は化粧品、ファッション衣料売場、2階が本の売場であった。プロペラ通りの中心部に店があったので、店前の人通りは凄かった。浅草の仲見世並みであった。店頭の化粧品売場は特に効率がよく、資生堂の販売コンクールでは、東京No.1になった。1990年代に店舗は全焼、再建されることはなかった。

上尾市に日教販ご推奨の店ロダン合格堂があった。路面店で80坪の書店は学参売場としては十分であった。新学期の爆発的な学参、辞書の販売は語り草になってしまった。社長の小築正次は同じ上尾でロダン書店を経営していたが、今は両店ともない。埼玉県で著名な岩槻書店も、浦和に官報販売所二箇所を残して廃業してしまった。日書連埼玉県の役員を長年つとめた人である。

川越の中心商店街に変わった書店があった。それはユタビ書店といい、地図、旅行書の専門店であった。店内にいると楽しさが伝わってくる気がした。原市書店はチェーン店を大宮に数店もっていたが、書店名簿から姿を消してしまった。中堅書店として名を成していたので、消えたのは惜しい。

6.4　消えた書店（南関東・首都圏ブロック）

■　南関東ブロック
＜千葉県＞

原勝書店が、浦安駅前に創業したのは1973年（昭和48年）だった。社長は関口定夫であり、店長は前田覚であった。当時、駅前で100坪の売場であるから、店売は全盛であった。後に社長となった前田は持ち前のアグレッシブな性格は、外商に向いていた。50校以上の学校に出入りしていた。

地元の東海大付属浦安高校の購買部へは原勝書店が一手納品であった。旺文社の『中学時代1年生』は3000部、『百科事典エポカ』は2000部売っていた。二玄社の中国絵画は億の単位の売上げがあったという。原勝の商売は荒いと評した人もいたが、とにかく出版物を売った店であったが、やがて終焉を迎えた。

彗星の如く現れ、彗星の如く消えたのはアークブックセンター（当時、本社行徳）である。社長の田中茂雄は日販ご推奨の書店であり、希望の店であった。富士通のプログラマーから転身した田中は田中角栄の遠縁であった。

IT大好きの日販が後押ししないわけはない。田中は月次決算はおろか、日次決算をしていた。60億円の売上がやがて75億、100億円に到達違いなしと思われた。スタッフも育ち、千葉県No.1書店も間近であった。しかし企業とはもろいものである。他県に出店した投資が裏目に出た。銀行、取次の支援は無かった。店は無くなったが、田中は元気である。復活を願う一人である。

■　首都圏ブロック

ソーブン堂書店の原享社長は中小書店の指導的な立場にあった。首都圏で結成された良書チェーンの最高責任者であった。店は都内でも有名な武蔵小山書店街の一番店であった。支店は高田馬場商店街にもあった。1945年〜65年代をリードした書店であった。しかし商店街には限界があった。都内のモデル地区であった武蔵小山も量販店攻勢には敵わなかったのである。

神田駅前にあった前田書林は他業界からの進出のモデルのような書店だった。前田硝子が書店業界に乗り出したのである。このために神田地区で全盛を

誇っていた会社実務センターは閉店した。歴史は繰り返すとはよくいったもので、神田にブックファーストが進出してきて、前田書林は消えた。

　雄峰堂書店は各所に出店し、多くの取次と商売をした。雄峰堂書店は買収出店もあったが、雄峰堂書店を引き継いだ書店も多くあった。業界を賑わしてくれたチェーン店であった。大型書店はなかったが、結局はつぶれてしまった。

　茅場町にあった証券関連図書専門店として有名であった千代田書店は今は無い。店は本店、茅場町、山種ビル、八重洲通りと4店あった。社長の山口静馬は日書連で活躍した人である。女優山口果林の生家としても知られている。

　三鷹駅前に喫茶、音楽、本の店として第九書房があった。東京大学出身の社長石田弘二は日書連の役員として活躍していた。正式店名は浜松屋第九書房である。ベートーヴェンの第九から店名を取ったことは言うまでもない。1955年ごろ（昭和30年代）にこんな洒落た店があったのである。書店と喫茶は合うので、多くの読者が第九書房に集まった。もちろん本の品揃えがよかったからである。駅周辺は都市計画によって変わってしまった。第九の面影はない。

　八王子駅前に鉄生堂100坪の書店があった。直ぐ隣にくまざわ書店本店、三成堂書店と激戦であった。鉄生堂の創業は1876年（明治9年）と飛び抜けて古い。鉄生堂は豊田駅前店、多摩平店、立川に2店あったが、消えてしまった。

　店売を止めてしまった店に自由が丘の自由書房がある。田中誠社長と専務の奥様は素晴らしいコンビであった。個性的な店売を展開していた。文庫よりもハードカバーの単行本に力を入れたり、美術書を売った店であった。パソコンを駆使した顧客管理があるので、現在も外商は生きている。

　日書連の会長を務めた小沢氏の湘南堂（杉並）も店売を止め、外商のみ行っている。神保町の冨山房も店売部門を閉め、出版部門だけ営業している。

　同じ神保町にあった書肆アクセスも2006年（平成18年）に廃業した。地方小出版流通センターの店売部門として有名であった。全国の地方出版物が買えるので、読者は遠隔地から見えた。

　神楽坂のブックスサカイ深夜プラス1も廃業した。ミステリーに特色のある書店として読者から親しまれていた。こうした店が廃業したのは残念である。

　日書連の副会長を務められた土橋金蔵さんの店、金港堂も店の営業を休止している。店名は全国書店名簿には渋谷区の中に掲載されている。教科書と外商は残されたのであろう。紀伊國屋書店・南店の影響が強かったと考える。

6.5 消えた書店（南関東・東海ブロック）

■南関東ブロック

＜神奈川県＞

　川崎市を代表する書店であった文学堂は小泉敏郎、節哉と親子二代に亘って地域文化に貢献した。父の敏郎は市の教育委員を務める一方、絵筆を揮っていた。川崎風吉の名前で連載スケッチ「へんろ」画集を出版している。書店新風会の機関誌の表紙は敏郎によるものだった。二代目社長節哉も新風会の重鎮として活躍した。日販、栗田をうまく使い分けていたが、廃業の憂き目をみた。

　書店新風会の五代目会長の奥津宏の小田原八小堂書店も今は無い。ニューヨークの銀行に勤務していた奥津が日本に戻り、家業を継いだ。書店と出版社をつなぐ八友会を結成するなど精力的に活動した。奥津氏はニューヨークで客死と、劇的であった。

　横浜・日吉にあった山村書店（三店舗）も廃業している。社長の山村信一は慶應義塾ワグネル・ソサイエティー男声合唱団で活躍した。書店でも日書連の役員をするなど面倒見はよかった。音楽ではコーラスを引率してオーストラリアで公演することもしばしばであった。

■ 東海ブロック

＜山梨県＞

　山梨県の人口は86万人と関東甲信越の中では最も少ない。従って書店の数も少ないので、消えた有名書店は見当たらなかった。しかし県内の書店マーケットの変化は、他県同様に目まぐるしい。書店新風会メンバーの老舗柳正堂書店（創業1854年）の時代対応に追われている姿を見れば、その大変さがわかる。マーケットとは生き物であるから、店舗の整理は発展のための一過程である。柳正堂書店の軌跡にはそれが出ている。

＜静岡県＞

　全国書店名簿を見る限り、有名書店が消えていることはない。強いて言えば平山礼一郎社長の率いたランケイ社のグループ店が激減したことであろうか、

時代の波である。

＜愛知県＞

愛知県の中で古くて大きい書店に日進堂書店があった。創業が1919年（大正8年）であり、チェーン店は20店余あった。当然、愛知県の重鎮書店として日書連でも副会長の重責を担っていた。社長武田宏の日進堂書店の帳合は日販であり、廃業による打撃は大きかったであろう。

日書連で活躍した人に鬼頭真一がいた。店名はキトウ書店とカタカナであった。武田宏同様、全国日書連の副会長を務めた人だったと記憶している。キトウ書店も日販帳合である。確か鬼頭さんのお嬢さんは女優で売り出していたのだが…。

刈谷市に本拠を置いていた近藤秀二の情報文化センターしーがるは、1956年（昭和31年）から東海地区に新風を送っていた。中古車店、外食店なども併営し、夜型の店だったので、若い男性に人気があった。

近藤のアメリカ経験が、新しいタイプの書店を創り出したのである。その後、いまじんに店舗は吸収された。本人は長い間、日本書店大学の責任者を努め、若い書店人の指導に当っていた。今は九州に蟄居してしまったようである。

竹中書店も愛知県内に一石を投じた書店であったが、今は無い。

＜岐阜県＞

矢崎正治社長の大衆書房は郷土に関する書籍の出版と品揃えは県下随一であった。筆者もお邪魔したことがあるが、郷土の文化にこれほど力を入れていることに驚いた。文化、教育をリードした書店であった。創業は昭和5年と古い。日書連でも活躍された。

＜三重県＞

木村究社長の率いた四日市白揚は一世を風靡したチェーン店であった。理論家であり、実践肌の木村は本もよく売ったが、美術品、外商と手広く商売をしていた。白揚は今、いまじん傘下になって活動しているが、シェトワ白揚書籍館はよく売れる店である。

創業当時1956年（昭和31年）ごろの諏訪榮町の文化センターの模様は次のとおりであった。

1階一般書、雑誌、実用書、2階専門書、実用書、3階レコード、趣味用品、4階文具、5階参考書、コミック、6階画廊の一大文化の殿堂であった。

6.6　消えた書店（北陸・中部ブロック）

■　北陸・中部ブロック

＜新潟県＞

　新潟・古町通りに280坪（最盛期）の店舗を構えた老舗大型店・北光社も時代の波に勝てず2010年（平成22年）1月に店を閉めた。閉店前日にお邪魔したが、閉店を惜しむ市民の声200通ぐらいがウィンドウに張られていた。もちろん新潟日報にも大々的に閉店を惜しむ記事が載せられていた。新潟を代表する書店が消えてゆくことは寂しい限りである。

＜富山県＞

　富山の中心総曲輪の中ほどに瀬川書店・本店があった。1階、2階120坪の店舗は1955年ごろ（昭和30年代）では大型店であった。総曲輪商店街全盛の時代で、富山県民が日曜日に多く訪れたところである。通りに瀬川（日販）、清明堂（東販）が相対していた感があった。

　本だけの清明堂に対して、瀬川はスポーツ用品も扱っていた。スポーツ衣料が目立ち、ファッション性を感じたものだった。瀬川は西武デパートの中、ショッピングセンターの中、富山大学前支店など、積極姿勢であったが、マーケットの変化のスピードには勝てなかった。

　とやまブックセンターは富山県初の大型郊外書店であった。100坪の売場、駐車60台可能の条件の下、知的空間を広げ、文具、レコード、レンタルも併営していた。社長の羽田野正博は慶應義塾大学出身で、市・商工会議所の職員を止め、書店に転進した。資産家であったので、当初の出店にはことを欠かなかった。その後、市内沿線に三、四店舗拡大した。しかし富山市内の有力チェーン書店の挟撃に会い、次第に没落したのである。

＜石川県＞

　「王様の本」が1980年代、石川県を席捲する時代があった。全国からの訪問者も多く、社長の藤川隆司は大忙しであった。彼をサポートしたのは藤川夫人であり、彼女も業界の注目の人であった。本と文具、ファンシー、革製品の店として独特の複合型郊外書店であった。取引先のトーハンも心強い書店と見て

いた。本店は野々市市にあり、広い駐車場を擁していた。100台は収容できた。この駐車場戦略が藤川社長の経営戦略であった。店舗にも工夫をこらし、店頭には必ず数段の階段があり、降りる時に店全体が見渡せるのである。店は広々と見える上、自分の探すエリアがどこにあるかもわかる。一石二鳥の眺望階段なのである。もちろん脇にスロープが付いていて、車椅子、身障者対応は出来ていた。藤川夫人は毎週上京し、革製品、ファンシーグッズの仕入をしたのである。会社の利益源であったことは言うまでもない。

書籍部門では毎週行うミニ催事が、王様の本の特色であった。毎週となるとなかなか出来ることではない。社員の全員参加がなければ継続できない。店に突然の不幸が襲った。藤川社長の急逝である。藤川夫人が社長になり、建築事務所を主宰していた一級建築士の長男が店に戻ってきた。女性社長は精力的に車でチェーン店を回り、社業が順調に見えたが5年と持たず消える店となった。

小松市の本のタバタも、出版社間で話題になった書店である。小松空港から一番に訪問を受ける店であった。社長の田畑英之は地域一番店であることを認識し、1階、2階の店舗をお客様で埋める努力をしていた。特に階段途中、踊り場の活用は妙で、2階は学参、児童書売場で人気があった。田畑社長のモットーはお客様、お取引先、社員に対し、誠実と信頼と愛を持つことであった。

＜長野県＞

2007年（平成19年）に流れた鶴林堂廃業のニュースは衝撃的であった。松本の文化を育てたあの鶴林堂が…と誰しも思った。1890年（明治23年）創業の鶴林堂は、旧制松本高校とともに書店文化に花を咲かせた。歌人の窪田空穂、太田永穂、作家の北杜夫、武者小路実篤、竹久夢二などが訪れた書店である。鶴林堂ビルは1973年（昭和48年）に新築された。市内には4店舗の支店があった。1958年（昭和33年）に「書店新風会」を結成させ、全国の有力書店23店のまとめ役を務めた初代会長が小松平十郎であった。

松本市内には書店が多い。遠兵という変わった店名の書店が街の中心部にあった。書籍、雑誌、文具の中堅書店で気骨が感じられた。駅前ビルの2階にあったブックスロクサンも良質な書店であった。地方の総合書店として、自然科学、人文科学、専門書分野で特色ある品揃えをしていた。出版社が必ず訪れる書店であった。行きはエスカレーターで店内に入れるが、帰りは階段で降りなければならなかった。惜しい書店が消えたものである。

6.7　消えた書店（北陸・近畿ブロック）

■　北陸ブロック

＜福井県＞

　創業1879年（明治12年）の品川書店は県内一の老舗であった。教科書の総元締の書店として有名であったが、社長品川一郎が読売巨人軍の球団代表者だったことで著名である。廃業したのは1990年代になってからか？

　福井駅前にあったひまわり書店150坪は、勝木書店250坪に次ぐものであった。ベストセラー、雑誌、文藝書のよく売れた書店であった。立地がよかったこと、商品回転がよかったので、ほとんどの出版社が訪れた書店であった。

■　近畿ブロック

＜滋賀県＞

　滋賀県唯一の新風会会員であった村岡光文堂（草津市・村岡甚五郎社長）も今は無い。2003年（平成15年）前後の廃業である。県内に4〜5店舗のチェーン店を展開したが、どの店も地域一番店にはなれなかった。

＜大阪府＞

　駸々堂書店の創業は1881年（明治14年）である。出版社としても有名であった。新学期に駸々堂の小中学参はどの書店でも陳列したものである。駸々堂の新書判も歴史がある。グラフィックなものが多かった。今、古書市場では結構人気商品になっている。出版社としても老舗であったが、書店も著名であった。大渕甲子郎会長、大渕馨社長は出版界はもちろん関西経済界でも重鎮であった。

　大阪市内に駸々堂は15店あった。心斎橋のそごうの近くに本社があり、道路を挟んで心斎橋店120坪があった。その他、阪急ファイブ店144坪、京橋店107坪、アベノ店90坪など大型店を擁していた。1990年前後では100坪は大型だったのである。当時、大阪では旭屋書店本店650坪、阪急百貨店書籍部300坪（今のブックファースト）が市内最大であった。駸々堂はチェーン店として売場面積が大きい店が多かったのである。

　駸々堂が業界をあっと驚かせたことがあった。それは兵庫県三宮に1000坪

の書店を創ったことである。ジュンク堂はまだまだローカル書店で、知る人ぞ知る書店だった。駸々堂が殴りこみをかけた結果となった。ジュンク堂の工藤恭孝、岡充孝の胸中には、忸怩たる思いがあったはずである。駸々堂は三宮出店後、会社経営の歯車が狂いだした。出版部の赤字、食堂部門の赤字、三宮出店の費用負担など、経理が行き詰まり、あっという間の倒産であった。ジュンク堂を育てたのは駸々堂だったという皮肉な書店史があったのである。

＜京都府＞

　出版社であり書店も経営していたのが京都書院である。書店よりも出版社として有名であった。京都の歴史と文化を紹介した美術関係書は、全国どこの書店でも売れた出版物であった。書店として京都書院は本店、河原町店、四条店の三店あった。本店は1929年（昭和4年）の創業で繁盛店であったのだが…。

　オーム社書店・関西は、出版社オーム社の直営書店であった。1951年（昭和26年）に四条河原町の河原町店を出店。1階、2階、3階100坪の総合書店で、繁華街の中心にあったので繁盛店であった。社長の木島弘晴は新風会に加盟し、京都の書店業界をリードする立場であった。オーム社書店は北野白梅町にも70坪の支店があった。ナショナルチェーン書店の進出は独立店舗を脅かし、廃業の憂き目をみた。オーム社書店は大阪堂島、千里山にも支店があった。

　京都駸々堂も一大書店勢力があった。中でも映画館跡を書店にした京宝店は京都一番店と評する出版社もあった。この店は品揃え、陳列、商品知識、接客、賑わい性、企画、催事何をとっても良かった。この店の特色は人文系書籍に強いことであった。当時でワンフロアー350坪は超大型書店といってよかった。

　京都駸々堂は京都本部の他、河原町店、三条店、近鉄店、京都駅店、京都駅地下街店、長岡店など京都市内で飛ぶ鳥も落とす時代があったのである。しかし本体の大阪駸々堂の倒産に連鎖して、あえなく廃業してしまったのである。

　福祉関係の本を豊富に揃えてお客様を集めていたリーブル京都も元気があった。岩波、有斐閣、みすず、ミネルヴァ、新潮社の本は特に揃っていた。20坪〜60坪と大きな店ではなかったが、専門書店として人気があった。本店（60坪）は北区千本北大路東入ルにあった。花園店、花園大学店、上桂店、千中店、ときわ店、みずがめ店、太秦店、西店、烏丸店、外商1部、外商2部と12店の大チェーン店であった。今は千中店があるだけである。

6.8　消えた書店（近畿・中国ブロック）

■　近畿ブロック

＜奈良県＞

奈良県に12都市あるが、五条市を除いて11都市が県北、大阪に近い地域に密集している。従って奈良県の書店マーケットは大阪志向になってしまう。有名書店はそれぞれの地域で頑張っている。天理市の木下書店が廃業していたことが目立つくらいであった。

＜和歌山県＞

近畿圏で日書連組合員の一番少ないのが和歌山県で、58名（2010年）である。日書連の県代表理事は和歌山市の宇治書店、宇治三郎氏である。トーハン会の会長は田辺市の多田孫書店・多田昌治氏である。

県内の一番店では宮井平安堂があるが、慎重な書店経営で無茶な出店はしていない。5店がピークではないかと思う。新風会会員であったが、2005年（平成17年）に退会している。現在は、本店550坪とJR和歌山駅店190坪の二店だけである。撤退の少ないチェーン店である。

＜兵庫県＞

漢口堂湊川本店は、創業1937年（昭和12年）、160坪の老舗大型店であった。社長の安保信太郎は書店は地域の文化センターであるという考えが強かった。長男安保美己夫は三宮店を担当した。年中無休、繁華街、ビジネス街にあったので本はよく売れた。商品管理の徹底された店で商品構成別売上比率が発表されている。文芸20％、文庫・新書20％、実用書15％、コミック15％児童10％、学参10％、人文5％、理工5％である。この店の商品配置は1階雑誌、法経書、2階新刊、文芸、美術、3階文庫、新書、小中学参、4階高校学参、理工、海事、コミックである。ビジネス街にあるので、1階に法経書があるのは面白い。丸善・丸の内本店に似ている。血縁者が各チェーン店の店長をしていた。共栄店安保義明、明舞店安保裕司、白川台店安保知行、本店店長安保正博といった具合である。地域密着の漢口堂が無くなったのは惜しい。

コーベブックス4店はさんちか店、サンこうべ店、センタービル店、伊丹店と、

すべて最高の立地に店舗があった。サンこうべ店は店内に市役所に行く公道が通っていた。坪効率最優秀の店であった。さんちか店は来店客数が一日平均約1万人以上と繁盛店で、人文社会、文芸、郷土書に力を入れた個性派書店として読者が認知されており、大阪、姫路から来店があり、商圏の広い店であった。

　創業1885年（明治18年）の日東館書林本店200坪は老舗大型書店であった。専門書、学参の売れる店で書籍83％、雑誌17％の売上比で、紀伊國屋書店並みの書籍店であった。学参20％、理工書15％、文芸15％、文庫・新書15％、実用10％、児童10％、コミック10％、人文5％の比率であった。本店以外では垂水店、長田店、そごう店があった。廃業したことは惜しいことである。

　南天荘も名前が知られているが今はない。淡路島、洲本市に郊外店のはしりであったブックポート（150坪）はモダンな書店であったが長続きしなかった。

　100年の歴史を持つ海文堂書店が、2013年に閉店した（163ページ参照）。

■　中国ブロック

＜鳥取県＞

　日書連の組合員数の一番少ない県である。2010年現在32名である。外商力の強いことで有名だった米子書店が平成21年に廃業している。創業は昭和8年と古い。本社は米子市であったが、その他鳥取市、出雲市に営業所があった。地方の外商の灯が消えるのは残念である。倉吉市の徳岡優文堂・創業明治5年の老舗書店も廃業している。全盛時は4店舗持っていた。

＜島根県＞

　松江市の園山（まるやま）書店が消えている。創業が1811年（文化8年）というから、今続いていれば200年以上の社歴となる。外商の強い書店として有名だった。島根大学の正面前にも支店があった。1、2階110坪で、1階は一般書、2階は専門書、喫茶コーナー、催事場だった。

＜岡山県＞

　岡山県の繁華街表町通りに細謹舎はあった。明治9年の老舗であり、店舗も1～3階、230坪の大型店であった。1階中央からエスカレーターが走っていた。日本の書店でエスカレーターを導入した走りではないだろうか。木製であったことが鮮明に思いだされる。表町通りに丸善が出店、紀伊國屋書店も大型店で出店した。影響が出ないわけがない。老舗崩壊であった。

6.9　消えた書店（中国・四国・九州ブロック）

■　中国ブロック

<広島県>

　新風会会員であった積善館（岡原秀登社長）はすでに退会している。紙屋町にあった本店店舗220坪も今は営業せず、外商だけの書店である。福山市の創業1908年（明治41年）の老舗平林堂書店も廃業してしまった。

<山口県>

　下関の一番店であった中野書店は市内に四店舗有していたが閉店した。県の教科書供給所の社長であった末広卓三氏は宇部市末広書店を廃業とともに教販の社長も辞した。

　萩市のしろがね白石書店、防府の防府書房も廃業している。

■　四国ブロック

<香川県>

　宮脇書店のお膝元であり、書店シェアは圧倒的に高い、廃業店の出難い県である。書店組合の組合員数は50名である。県組合の理事長は東かがわ市の西尾誠文堂・西尾文士である。トーハン会は四国は県別には存在せず、四国トーハン会として、阿南市平惣・平野惣吉氏が会長を務めている。

<徳島県>

　徳島駅前に150坪の大型店・森住丸善があった。創業1931年（昭和6年）の老舗である。チェーン店として徳島市蔵本店、助任店の二店があったが、いづれも廃業している。徳島の地盤は小山助学館である。チェーン店8店と健闘しているが、書店新風会は退会している。

<愛媛県>

　阿部書林（今治市・2店舗）は書店新風会に1975年（昭和50年）入会しているが、1982年には退会している。創業は1887年（明治20年）と古く、今治市の中心街（本町）で70坪、1、2階の店で学参、専門書がよく売れた。外商が活発であった。しかし今は無い。

＜高知県＞

　元気度では金高堂書店があるが、1980年代は片桐開成社が隆盛であった。はりまや橋畔の好立地にあり、創業1883年（明治16年）と伝統があり、県下、市内の信用は絶大であった。書店新風会々員であったが、今は退会している。高知県には有名店の廃業店はない。四国の中では書店数は最も少ない、日書連組合員は28名である。

■　九州ブロック

＜福岡県＞

　ナガリ書店・池上淳社長の名前は1960〜70年代は日本中にとどろいた。それは百科事典が爆発的に売れた時代、平凡社の『国民百科事典』を日本一売った書店だったからである。しかも女子社員が当時の八幡製鉄（現、新日鉄）に外商し、大成功を収めたのである。1万セット以上販売した。やがて一家庭一百科運動となり、百科事典のセットは更に売れた。池上は全国各地から引っ張りだこで、講演に次ぐ講演であった。しかし今は無となってしまった。

　小倉の金栄堂・柴田良一は金文会の論客として有名であった。九州に出張した営業マンは必ず訪問し、お説を賜ったものである。金栄堂は大正3年創業の老舗で三店のチェーン店を経営していた。しかし柴田は中小書店の経営に見切りをつけて、90年代にさっさと廃業してしまった。

　柴田は柴田書店（食堂関係出版社）と親戚関係である。久留米を中心に繁盛していた書店にたがみ書店があった。書店新風会に入会した時には4店舗有していた。しかし今、店は無くなった。

＜佐賀県＞

　佐賀県は書店不毛の地といったら叱られそうである。金華堂の松原良治社長は頑張り屋で、80年代には6店舗有していた。現在も115坪の店1店で頑張っておられる。商売熱心な吉竹宇策は鳥栖で油屋（これが書店の屋号）を2店経営している。今も継続維持している。イベントの好きな経営者である。

＜長崎県＞

　島原市で、ながせやが元気であった。チェーン店を4店もっていたが、今は3店で頑張っている。長崎県はナショナルチェーンの出店で、競争は激化している。

6.10　消えた書店（九州・沖縄ブロック）

■　九州ブロック

＜熊本県＞

　金龍堂、金興堂、金書堂、金輝堂、金盛堂と金文会系の書店がひしめいていた。店数では金興堂が5店と多かったが今は無い。金輝堂、金盛堂も無い。

＜大分県＞

　創業1901年（明治34年）のイーヌマは外商で県内で有名であった。飯沼英明社長は地域密着のよい商売をしていたが、市場変化と外商の資金繰りで苦境にたち、廃業せざるを得なかった。書店は歴史ではない。時代対応だったのである。

＜宮崎県＞

　宮崎県は田中書店に尽きると思っていたら、県北部にリリック書店があった。リリック書店は延岡市を中心に5店舗展開し、80〜90年代頑張っていたが、2000年（平成12年）になって消えてしまった。

＜鹿児島県＞

　店舗数では金海堂が6店舗と多い。それに引き換え撤退の多いのは春苑堂書店である。5店舗あったが、今はAコープ桜ヶ丘店だけである。市内中心地の本店を撤退したことはダメージである。

■　沖縄ブロック

＜沖縄県＞

　文教図書は沖縄県内に6店舗あった。復帰前、1950年（昭和25年）に170坪で那覇で開業している。沖縄で最も品揃えの豊富な書店として注目された。その後、名護市、平良市、石垣市、宮古にも出店した。学参、文具にも力を入れた書店であった。しかし21世紀に入って倒産した。

　アルメディア調べによれば、1996年には那覇市他9市、4郡で191書店あったが、2012年は129店になっている。32.5％の廃業率である。

「閉店を惜しむ」…まとめに替えて

　2010年から2013年にかけて特色のある書店が閉店している。2010年1月末に閉店した新潟・古町の老舗書店「北光社」は地元の人々に惜しまれ店を閉めた。同社は1820年（文政三年）に「紅屋潤身堂」として阿賀野市で創業、1898年に新潟市中央区古町通六に移転し、現社名で営業を開始した。20年前のピーク時には、新潟市内に六店舗を構え、売上高も8億円を計上していた。しかし、ナショナルチェーンの出店対策として増床したものの、売上が延びず、赤字を計上。その後は帳合取次のトーハンから支援を受けながら営業を継続していたが、負債総額が7億円になった。最終的には負債は5億円で閉店となった。北光社が閉店の案内を店頭に出したのは1月はじめであった。これを知った市民からは「ありがとう、いつまでも心の中に"北光社"」「古町で外食する時の待ち合わせはいつも北光社」「独身時代に今の主人と本を買いに来ました」など多くのメッセージが寄せられ、同社のショーウィンドウに200枚以上が貼り出された。

　2013年9月で海文堂書店（兵庫・神戸市、300坪）が閉店した。同社は1914年海事関連書の専門書店「賀集書店」として創業。100周年を目前にして惜しい閉店である。元町商店街にある同店は、児童書や人文系書籍も充実し、地元の読者や作家に親しまれてきた。PR誌「海会」や雑誌「ほんまに」の発行を通じて地域の発信拠点の役割も担ってきた。

　1995年阪神・淡路大震災で同店も被害にあったがすぐに再開、読者が必要としていた地図を販売した。東日本大震災の後も、東北の出版社の本を販売して支援してきた。店内には古書店を誘致するなど、様々な企画から海文堂書店イチ押しのお薦め本を提案していた。発信の多い書店として全国的に海文堂書店の名前は轟いていたが、長期間にわたる売上低迷から閉店という決定に至った。老舗書店の閉店は地元にとって残念としかいいようがない。地元文化の灯が消えたといっても過言ではない。地元密着の商売が老舗書店の使命であった。しかし地域貢献だけで経営は成り立たなかった。経営が成り立つ粗利率が書店に訪れる日を待つばかりである。

昭和出版史を書き終えて

　昭和初年から87年の歴史を振り返ってみた。大正デモクラシーの流れ
は昭和初頭にも雑誌の中に見ることができる。しかし現実的には当時の主
流は円本であり、文庫であり文芸・思想書であった。書籍中心の出版界と
思われがちだが雑誌も売れていた。講談社、主婦の友社、中央公論社、新
潮社はそれぞれメイン雑誌を持っていた。1927年（昭和2年）主要雑誌は
年間4000万部、34年6200万部、38年7500万部、40年9300万部売れ
ていた。これは日配が出来る1941年（昭和16年）まで四大取次（東京堂、
東海堂、北隆館、大東館）のネットワークが完成していたからである。当
時の各地書店組合（全国統一組合は無い）の活動議題は雑誌正味88掛を85
掛に引き下げることであった。書店の利益構造が現在と異なるので、雑誌
粗利12％で経営できたのである。東京、大阪の書店組合の活動は新設書
店開店に距離制限を設けることであった。1丁（110ｍ）以内では開業でき
ず、既存店を擁護した。また、百貨店書籍部認可に厳しかった。

　岩波書店は1933年（昭和8年）創業20周年で、大々的に特売を一ヶ月
行っている。対象は発行1年以内を除く752点の書籍である。39年まで
は岩波書店は委託であったが、39年9月買切に移行（除く文庫・新書）、
41年8月に完全買切となった。福岡書店組合は1937年（昭和12年）3月、
万引防止と店内整理のため“立読み”禁止を申し合わせ即日実施している。

　東京組合は1941年、定休日を第一日曜日と20日に決定している。

　1940年（昭和15年）までは思想弾圧を除けば出版界は自由に活動して
いた。書籍発行点数も1934年までは2万点前半であったが、35年〜41
年は3万点〜2万点後半と活発であった。1941年（昭和16年）以降は戦
時体制に入り、出版界は縮んだ。出版社は紙の割り当てに苦しんだ。この
時期出版社の軍部への寄付が横行した。内閣情報局は優良図書推薦運動を
推進した。国威発揚を出版に求めたのである。見返りは用紙の優先割当で
あった。43年には推薦図書が328点もあった。1944年1月には書籍・雑
誌はすべて買切となった。戦前史だけでも勉強になることが多かった。

2013年9月　能勢　仁

第7章

バーゲンブック流通略史
八木書店会長　八木壮一

この章の概要

　この章では、明治以来のバーゲンブック流通の歴史を振り返る。

　筆者の勤める八木書店は、1934年（昭和9年）に創業者八木敏夫が神保町の古書店一誠堂から独立、『日本古書通信』を創刊するとともに古書店六甲書房を開業したことに始まる。創業時から『日本古書通信』に出版社の見切品を扱う卸店の目録を掲載するとともに、出版社の過剰在庫を買い取り、同業の古書店に卸しました。

　見込み生産品に売れ残りが出ることは仕方ありません。在庫を破棄することはもったいないことで、売れ残り品を活かすことは明治時代から行われていました。社会的公共財を使用して生産した物は、何らかの形で消費者に還元すべきである。

　現在の日本の出版物は再販売価格維持契約制度下にあり、そこでの値引き販売は二通りある。一つは、メーカーである出版社が一定期間経過後、定価販売をやめる意志表示をした「時限再販」本である。

　もう一つは、最初から「定価」の名称を表示せず「価」「￥」などの表示で小売店の裁量で小売価を決められる「部分再販」本で、他に汚損本などがある（出版物の価格表示等に関する自主基準）。

7.1　近代出版流通システムの発展

■　江戸から明治へ、「本の流通」はどのように変わったのか

　日本の流通システムは中世末の「座」に始まる。このシステムの延長が江戸時代の組合（株仲間）である。同種企業が団結し、助け合ってその権益を独占するものである。そのためルールを破ったり、不義理なことをした場合は、「満座のなかでお笑いくだされ候」との一札を入れたと言われる。組合の全員の前で嘲笑されることはその組合にいられなくなり、商売ができなくなることである。商人道と株仲間に忠実にならざるを得ないわけである。

　現代はTOB（株式公開買付け）まで行われる生き馬の目を抜く資本主義社会であるが、再販価格制度と委託販売が存在する出版界に、この江戸時代の名残のようなものを感じつつ、出版流通の歴史を振り返ってみる。

　江戸には地域別に三つの書籍問屋組合がありましたが、これらはいずれも儒書や仏教書で、京大阪で出版されたものが下ってきたものを扱っていた。顧客も武士や富裕な商人に限られていました。江戸庶民が力をつけた江戸中期から主に女性や子どもを相手にする錦絵や草双紙が普及し始める。黄表紙が全盛となる寛政年間には「地本草紙問屋仲間」が結成され、草双紙類は、当時の露天商や行商人の貸し本屋が主として読者に配本していたと思われる。書籍商以外の第二の流通経路である。この地本草紙問屋仲間が明治の「東京地本彫画営業組合」へと繋がり、現在の「全国出版物卸商業共同組合」へと続いてきたのである。

　明治に入り、新政府は開版の届け、江戸時代の株仲間の権利保護と出版統制の制度を踏襲して、さらに「定価」表記の明記を義務付けている。1887年（明治20年）ころまでに書籍問屋も行っていた版元は印刷・製本技術の革新、新時代の思想・学問の変化に対応できずにほとんど消滅してしまいました。しかし、地本問屋の流れをくむ版元は暦、講談本、実話読物、実用書、絵本、ポンチ絵などの赤本を製作・販売して東京地本彫画営業組合を1874年（明治7年）に設立、その取引は組合市会を通して正味が安く、買い切り扱いでした。

　1887年（明治20年）、博文館が創業して大量出版を行い、日本全国への販売網も構築して他社の書籍や雑誌までも大量に扱いました。1891年（明治24

年)には流通部門として神保町に東京堂を創立、近代的な出版流通の起点となっている。雑誌の委託販売とともに書籍の委託販売も始まっている。

　委託販売の普及は雑誌、書籍ともに売れ残り、返品の問題が出てくる。その売れ残った雑誌を地本彫画営業組合員である上田屋などが買受け、街頭や鉄道の中などで販売している。その後、実業之日本社なども本を活かすという意味で同じような処置を取り、のちには新刊書店や古本屋にも販売して、地方問屋の出版物とともに地本問屋の拡大は大正時代に続いて行く。また書籍の返本を買受け、古本屋などに売る河野成光館なども出てきました。その販路は多様で書店ばかりでなく、露天商、荒物屋、駄菓子屋など全国に及んでいる。

　1911年（明治44年）に大阪の立川文明堂から出版された『立川文庫』を全国にたちまち普及させたのもこのルートである。特売も行われている。博文館発行の雑誌『太陽』は一時220万部売れたといわれる雑誌であるが、1906年（明治39年）5月号では征露軍隊総凱旋、博文館新築落成祝賀記念「博文館図書大減売」として河口慧海著『西蔵旅行記上・下』正価2円、減価1円16銭など437点の書籍の折り込み特売広告を出している（**図7.1**）。

　1887年（明治20年）に近代出版産業者は「東京書籍出版営業者組合」を結成、1902年（明治35年）1月に「東京書籍商組合」に名称変更、1941年（昭和16年）の戦時体制まで続くことになる。地本問屋は規制されることを恐れて組合への加入を躊躇する議論があったと言われている。

　特筆すべきは、医書組合が1892年（明治25年）に定価販売しない店には卸売りしないことを決めたことである。また、1894年（明治27年）に大取次東京堂などの提案で「東京雑誌売捌営業者組合」が設立され、定価厳守を促進するものの、1898年（明治31年）には予期した実績を挙げられず解散している。

図7.1　博文館新築落成祝賀記念『博文館図書大減売』

7.2　定価販売の励行と特価本

■　大正期の出版流通

　1913年（大正2年）3月、雑誌の割引乱売競争防止を目的として、大手雑誌取次業者東京堂の大野孫平らが中心となって雑誌出版社と取次が「東京雑誌組合」を設立、（1918年東京雑誌協会、1924年日本雑誌協会に改称、1940年解散）その規約第5条に、「本組合ハ雑誌ノ濫売及ビ売掛代金遅滞ノ弊害ナキヲ期スルガ為別ニ販売規定ヲ設ク」とある。取次店が小売店の廉売競争で倒産して回収が滞り始めたために、利益を確保させるために定価販売を奨励したと言われている。

　1915年（大正4年）10月に岩波書店は発行図書の奥付に「本店の出版物はすべて定価販売卸実行被下度候」と印刷し、全国の書店に同社の出版物の定価販売励行を要請（岩波書店の定価販売宣言は単独メーカーによる再販売価格維持行為の最初のケースとされている）。

　1918年（大正7年）地本組合員は月遅れ雑誌を「共成会」という匿名組合をつくり、共同仕入を行い、「東京図書株式会社」を設立して残本を前契約で買い切り、半年後とか一年後に構成員となっている月遅れ雑誌業者に再配分して、全国に行き渡らせました。地本業者、赤本業者と呼ばれていたが、このころか

> **コラム**
>
> ### 「ぞっき本」という言葉
>
> 　筆者が業界に入って以来聞く、一番いやな言葉である。有名な国語辞書の解釈が間違っているが、未だに訂正されない。書誌学者の長澤規矩也、寿岳文章によると、「ぞっき」とは「そっくり」という方言の転用であると言われている。他業界でも「ぞっき」という言葉は「そっくり」という意味に使われている。現在ではバーゲンブック、自由価格本、特価本、リメインダーブック、アウトレットブックなどと言われ、イメージは大きく変わり、新刊書店での扱いも昔では考えられないほど増えた。

ら特価本業者と呼ばれるようになった。

　書籍は地本組合員が多分野の文庫を出版して一般の書籍雑誌店の他に地方の荒物屋、玩具店、古本店、露店商、貸本屋さらに通信販売業者、外交販売業者などと広く取引するようになった。地本組合員の取引は入銀制で行われていましたが、市会取引も盛んでした。

　1919年（大正8年）7月大手雑誌取次が中心となって雑誌の定価販売の励行を取り決め、監視員制度まで設けて実施を図りました。「乱売」「不正競争」あるいは「違反者」「監視員制度」「処分」という表現が諸文献に頻繁に出て来るように、業界の努力にもかかわらず定価販売が必ずしもスムーズにかつ「厳正励行」されたわけではないようである。

　さらに、1919年（大正8年）東京書籍商組合は臨時総会を開き、書籍の定価販売を根幹とする規約の改正、販売規定を制定して、同年12月から実施しました。奥付の定価記載、定価販売の励行、割引販売、景品付販売の禁止、組合員の発行図書の販売は、原則として組合加入者に限ることを定め、販売規定では定価表示の明記、割引規定、見切品仕入・汚損本規定、注文品の返品禁止規定、違反者の処分を定めている。以後、定価販売の実施と、排他的傾向になっていった。

　しかし、その規定には「出版後1年ヲ経過シタル図書ハ出版社ノ任意ニ依リ見切品ト為スコトヲ得」という条文があり、奥付に別掲の印を押すことを決めている（**図7.2**）。

　出版社の意志により価格を引き下げることができる条項を販売規定に入れ、版元の在庫処分に弾力的な考えを示している。しかし、1923年（大正12年）の関東大震災で出版界、地本組合員も壊滅的な打撃を受けました。

　そして復旧に努力している1926年（大正15年）末に突如として円本の波が起こってきた。

図7.2　東京書籍商組合の販売規定（奥付け表示）

7.3　大量生産時代の到来と返品本

■　1926年（昭和元年）から終戦まで の出版流通

　大正末から始めた円本は、改造社の『現代日本文学全集』が当時の常識の半値以下の一冊1円で60万部の予約を取り、新潮社『世界文学全集』、春秋社『世界大思想全集』、春陽堂『明治大正文学全集』『日本戯曲全集』など1930、31年（昭和5、6年）頃までに300種以上が発行されました。

　昭和初期の円本合戦のあと1930、31年（昭和5、6年）頃になると返本の山となり、大量の出版物が返品となって版元の倉庫に溢れる。これらを河野書店などが買受け、それを帝国図書普及会などがデパートさらに中国にまで出かけて特価本即売会を行い、また1934年（昭和9年）朝日新聞などに1ページ大の通信販売広告を掲載しました（**図7.3**）。

　『児童文庫』（アルス）30万部を一冊3銭で酒井久三郎、『明治大正文学全集』（春陽堂）30万部を春江堂が7銭5厘、大衆文学全集（平凡社）20万部を河野書店が7銭で引き取ったなどの記録がある。『古本年鑑』の1933年版（昭和8年版）には、全国の見切本数物卸商53軒が記載されている。また　『日本古書通信』は、1934年（昭和9年）以来、主に学術書の見切本速報を掲載、古書店に販売しました。つまりストックになった本を版元は自由に販売していたのである。

　一方、大衆雑誌も量産に拍車を掛け、1925年（大正14年）創刊の『キング』（講談社）は、1927年（昭和2年）には発行部数100万部と称し、新潮社も1932年（昭和7年）『日の出』を創刊するなど、雑誌の競争も厳しさを増し、円本の洪水プラス雑誌の量産で出版界はもちろん読書界も混乱を来たしました。

　1930年（昭和5年）、飯田平安堂書店開店満3周年記念書籍大特売の新聞広告を見ると6割から3割引など、多くの出版社の本が並んでいる。

　岩波書店は1928年（昭和3年）8月に開店15周年記念特売を行っているが、成績は悪かったようである。しかし、1933年（昭和8年）10月の岩波書店創業20周年記念の特売は非常の好況でした。宣伝に力を注ぎ、東西『朝日』『大阪毎日』『東京日日』に全ページの広告をしたり、解説付目録（**図7.4**）3万部を配り、販売店に便宜を与えたり、また割引は在庫数、需要度を考慮して、最大4割5

分引、最小1割7分引の勉強をしたりした結果、3週間の短時日間に、発売書目752点（発行後1年以内のもの・全集・講座類を除く）が11万800部ばかり売れ、その価格18万2千円ほどに及び当時の一ヶ月出品平均数の6～7倍もある実に珍しい売上高でした（出所：『岩波茂雄伝』『岩波書店八十年史』より）。

1934年（昭和9年）11月図書祭記念に東京出版協会、全国書籍商組合連合会が主催して在庫特売を行い、朝日新聞などに3割または8割引きの超特価という広告を行い、特売図書目録100万部頒布、各地の新刊組合が呼応してこの催しに参加などの記録がある。

さらに、『朝日新聞』には6月改造社創業15年記念半価大提供、10月誠文堂新光社名著均一特売、1935年（昭和10年）4月早稲田大学出版部創業50周年記念大特価提供などの広告が掲載されている。1941年（昭和16年）戦時体制とともに販売機構が統合され日配ができると、商工省の指示により、赤本ルートの卸店も日配の傘下に入り、特設営業所として河野書店の店舗が『外神田営業所』、大阪には松要書店の店舗が『博労町営業所』として設けられました（出所：『日配時代史』出版ニュース社より）。

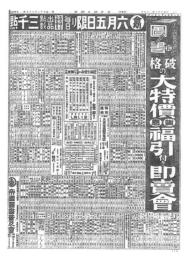

図7.3 帝国図書普及会の
『朝日新聞』の広告

図7.4 岩波書店創業20周年
記念『特価』の目録

7.4　独禁法制定と再販制度

■　1945年以降1953年独禁法改正まで

　1947年（昭和22年）に独占禁止法が制定される。1949年（昭和24年）3月に日配は閉鎖機関となり、東販、日販、大阪屋、日教販、中央社、栗田そのほか地方取次ができて今日につながる全国ネットの販売圏がスタートすると共に新刊業界が組織化されて行きました。

　一方、赤本の流れを汲む組織として東京出版物卸商業組合が結成され、別にあったアメ横中心に結成された全日本特価書籍卸商業協同組合と1952年（昭和27年）合併して「全国出版物卸商業協同組合」（全版組合）が組織されました。戦後の出版社の乱立と、大量生産の書籍が、景気の変動により1950年（昭和25年）ごろより特価として大量に出回り、古書店、デパートの即売会などで全版組合員により販売されました。また、貸本ブームで漫画、実用書、絵本などの扱いで全版組合員は業績を伸ばしました。神保町のすずらん通りの裏側には貸し本屋専門の卸屋が並んでいました。

　この後、大手出版社の整理などもあり、八木書店と日本特価書籍（倉間勝義代表）は全国を東西に分けて即売会を開くが、その後の新商品の出回り不足と資本力の弱さ、さらに売上の40％も経費がかかって日本特価書籍は閉鎖してしまいました。日本特価書籍の志は「出版界全体の膨大なデッドストックを倒産しなければ特価市場に出せない現状を、有利にデッドストックを処理する方法を出版社と特価書籍業者が手を握ってよく考えるべきである」と主張していました。

■　1953年独禁法改正から1980年新再販まで

　1953年（昭和28年）9月、独占禁止法改正法が施行され、法第24条の2（再販売価格維持契約）の規定を設け、化粧品などの指定再販商品と別に、出版物など著作物が法定再販商品として適用除外になり、再販売価格維持＝定価販売が認められました。

　1953年（昭和28年）11月 販売競争が激化し、書店の割引販売が表面化した。出版取次懇話会は定価販売の懇請状を全国小売書店に発送。東京出版物小売業

組合は割引販売防止のための独占禁止法改正案に基く「再販売価格維持契約」の実施を計画しました。業界で実際に再販契約書を取り交わしたのは1956年（昭和31年）のことで、全版組合員は貸本店向け漫画また実用書、絵本さらに見切書籍雑誌の商いが多く、この改正に注意を払いませんでした。

1952年（昭和27年）ごろから1960年（昭和35年）までが貸本屋の全盛時代で、同時に最後の赤本屋の時代でもありました。赤本屋で売れていた白土三平、水木しげる、楳図かずお、水島新司などの著書が漸次大手出版社で刊行され、大手取次店で扱うようになっていきました。

1956年（昭和31年）4月、再販売価格維持契約励行委員会が出版4団体の構成で発足している。その後新刊書店の組合が中心となって再販制の運用が硬直的になって行き、長期、常備寄託も終わり、新刊書店に並んでいない本をディスカウントして売却した版元に対しても再販励行委員会名で注意状が送られ、再販を崩す行為として監視の目を向けられるようになりました。千丈の堤も蟻の穴から崩れるとする「出版物再販白書―出版物の再販制度を堅持するために」（東京都再販励行委員会、1968年（昭和43年）12月15日）などが発行され、新本特価市を行う百貨店に警告書やピケが張られ、出品版元にも「特価市場で貴社の出版物が頻繁に販売されることへの御注意」（再販本部励行委員会、1970年（昭和45年）5月10日）など出品を控えるような要請書が送られました。

このような中で、明治からの特価書籍を扱ってきた全版組合参加の卸店は、書籍から見切り雑誌へ扱いを移行していきる。出回り出版物の減少と書籍は一点一点性格が異なり、売れ行き部数も異なるので、扱う店が減っていったと思われる。その流れの中で八木書店とその関連会社の第二出版販売は書籍の取り扱いを続け、全国の百貨店さらに大きく伸びてきた量販店で新本の特価市を開いていきました。1973年（昭和48年）8月 公取委は「再販制度の改正および不当廉売の規制について」を発表。この中で再販制度の縮小を明らかにしましたが、法定再販については、「その文化的などの見地から、当面存続させる」としました。

1978年（昭和53年）10月 橋口公取委委員長が2大取次の寡占問題と優越的地位の濫用の疑いがあることと、出版物とレコード盤の適用除外再販制度つまり「出版物再販制の見直し」の発言が12日に報道され、橋口委員長の「第二市場」の必要性の発言などが続き、業界は新再販への移行を行いました。

7.5　新再販制度の発足

■　1980年新再販以降の出版流通

　1980年（昭和55年）10月 再販売価格維持契約委員会（再販委員会）が再販売価格維持契約書の改訂ヒナ型を発表しました。

　「定価」と表示した書籍のみが再販の対象になり、その表示の抹消、取次店、小売店など販売先へ通知した場合には時限再販商品としてメーカーである出版社が末端価格の拘束を解いた商品とする。また「価」「¥」など定価以外の表示の書籍、雑誌は販売店の自由価格で販売してよいとされました。

　実際問題として抹消手続きの煩雑さ、通知の義務化などは非再販商品流通の抑制効果を狙ったこととして公取から指摘され、出版業界はその弾力運用を書籍のバーゲンブックを扱ってきた八木書店等を交えて検討を重ねました。

　1982年（昭和57年）7月に八木書店は、出版社400社に非再販本販売の案内状を送り、以後、年に数回イベントなどの折をみて案内を続けている。

　1984年7月 再販委員会が「出版物の価格表示等に関する自主基準」を作成、その後、実施要領も作成して、公取委が了承しました。銀座のリクルートでバーゲンブックフェアが開催され、それがサンシャイン、都立産業会館での出版業界でのバーゲンブックフェアにつながり、東京国際ブックフェアに続いている。八木書店・第二出版は東京国際ブックフェアに第一回から出展して、書店組合と共催したり、現在は出版社非再販本流通懇談会の協賛を得ている。

　新再販になってから、取次店扱いの自由価格本フェア、新刊書店の非再販本扱い、出版社独自の非再販本扱い、部分再販、時限再販などが試みられてきた。未だ大きく定着していないが、公取委は神保町ブックフェスティバル、謝恩価格本フェア、ブックハウス神保町など、業界の新しい試みは評価してきている。

　この間、1991年（平成3年）7月 公取委は独占禁止法適用除外の見直し「政府規制等と競争政策に関する研究会」（鶴田研究会）報告を公表して、1993年（平成5年）9月に公取委、鶴田研究会の下に「再販問題検討小委員会」（金子晃座長）が設置されました。1998年（平成10年）1月に公取委は再販規制研報告書及び資料篇を公表して「1.競争政策の観点からは、現時点で著作物再販制度

を維持すべき理由に乏しく、基本的には廃止の方向で検討する」としながらも、「2. 文化・公共的観点から、配慮する必要があり、直ちに廃止することには問題がある」として、「3. 各種の弊害の是正に真剣な取り組みを開始すべきもの」と、6項目の提案が行われました。

2001年（平成13年）3月、公取委は再販制度の当面存置を公表し、具体的には時限再販、部分再販等の再販制度の運用の弾力化など是正6項目を公表しました。この間、百貨店、量販店の催事に加えて、大型新刊書店でのバーゲンブックフェアが第二出版によって全国で開かれるようになりました。さらに八木書店との買切取引でバーゲンブックを扱い、粗利を得て店頭のバラエティーを増やす新刊書店も増えて来ている。

出版社の理解も深まり、八木書店の商品センターは自動倉庫の設置、単品管理の徹底など物流の合理化を行い、1980年（昭和55年）新再販施行前には考えられなかったような質と量の出版物がバーゲンブックとして出回り、明治以来のバーゲンブック扱い量では最大となり、八木書店などの供給でアマゾンなどインターネットでのバーゲンブックも展開されるようになった。

公正取引委員会の2004年（平成16年）、2006（平成18年）のモニターアンケート調査でもバーゲンブックの認知度は上がってきている。

1990年（平成2年）新刊点数3万8680点、出回り部数14億冊、販売部数9億冊、部数返品率35.6%でした。2012年には新刊点数7万8349点、出回り部数11億冊、販売部数6億冊、部数返品率37.8%となっている。出回り部数と販売部数の差「ほぼ5億冊」は変化していません。

今後は出版契約の発行印税から売上印税への移行、欧米のように残品処分について印税支払を別計算にするなどの普及、また出版社の株式上場に伴う在庫資産をゼロにする断裁を認めない監査法人の指摘を待つまでもなく、在庫評価と在庫量そして在庫経費の問題を出版社は意識して行く必要など、多くの問題が表面化しつつある。これらを解決することは、消費者、読者のいたずらに在庫を寝かせ、断裁処分することへの「もったいない」という思いに応え、省資源などの観点からも、有効利用が求められていると考えており、結果として、その努力が読者を広げる事にもなると思っている。

〈参考文献〉　「全国出版物卸商業協同組合三十年の歩み」全国出版物卸商業協同組合　1981年（昭和56年）
「書籍再販と流通寡占」木下修著　アルメディア　1997年（平成9年）
「弾力運用レポート2005年の年表（平成17年）」

コラム

出版社の在庫

　書籍の返品率の高さが長年言われている。出版社に在庫はどの程度あるのだろうか。日本書籍出版協会の調査資料「出版業の経営実態調査報告」（2003年11月）による数字に少し手を加えた資料を基に考えてみよう。

　年商5億から10億規模の出版社で一人当り年間売上高2900万円程度、期末在庫高の2倍とすると（原価を卸値の50％として想定）、在庫高は年商高ほどになる。書籍主体の出版社の経営者に「社員一人当り年商3000万円前後、在庫はほぼ年商高程度と話す」と、その推定は、当らずとも遠からずの数字のようだ。しかし実際は、売上げを一人3000万円上げるのは厳しく、在庫は年商高よりも多いようだ。

　日本の出版社は戦後出版業界の努力で単行本調整勘定という特別の在庫評価方式が認められている。これがなければ在庫で大幅黒字決算になるが、納税のためにキャッシュフローが回らず厳しい経営になると思う。

　売上高の多い出版社は雑誌の売上が大きく、一人当りの売上も大きい。また、上場出版社、一部の大手出版社は会計法によって在庫評価を行って単行本調整勘定以上に評価を下げ、財務体質の強化を計っている。

　このような時にバーゲンブック市場を有効に利用する出版社がもっと増えないかと思っている。JANコードに強粘着のBBシールを貼り逆流防止を図っている。書店にはJANコードの付いたシールを貼って単品管理を行い、BBのECサイトで書誌、画像、解説、在庫情報などのデータをパソコンやタブレットで検索し、どこにいても発注できるようになっている。

本の価格破壊

　「古本」は読者が定価で買った本を古本店に安く売った本である。この本を新本の価格より安く値を付けて販売することは普通に長く行われてきた。再販問題が世間の関心を呼んでいた頃に、古本を「本の価格破壊」として全国展開した「新古書店」と呼ばれる古本店があった。

　この商法、公取の価格表示基準に照らしても「中古品を新品価格と比較して販売するのは不当」である（公取／不当景品類及び不当表示防止法）。

　出版業界ではこの事象をにがにがしく思い感じた人は多かったようだ。しかし、法的な追求をする人はいなかった。出版流通業界はこのやり方（商法）に混乱をもたらされた。その経過を見ていると、けじめはきちんと付けておくべきであった。ちなみに1980年、新再販が発足後ダイエーが行った新刊20％引きセールは、まさに価格破壊であったが続かなかった。

出版年表で読む 150 年史
―「明治・大正・昭和の出版が歩んだ道」を考える―

この章の概要

　近代出版社の歩みを 1867 年の「明治維新」を起点に考える風習がある。西欧式の活字が開発され、抄紙機が輸入され、洋紙の抄造技術や製本技術も確立されていった。その明治初期の「文明開化」の時期が、日本の出版業の夜明けということができる。その明治初期に生まれた出版社には、金原出版（1875 年）、、有斐閣（1877 年）、南江堂（1879 年）、内田老鶴圃（1880年）、三省堂（1881 年）、冨山房（1883 年）、河出書房（1885 年）、博文館（1887年）、大日本図書（1887 年）などがあり、130 年を超す「長寿出版社」である。

　だが、その道程は、決して平たんな道ではなかった。日本の出版業は、一気に「近代化の流れにのった」わけではない。明治政府は、1869 年には、最初の出版規制法「出版条例」を制定し、怒涛のように押し寄せる西洋の自由思想を取り締まっている。出版を生み出す印刷・製本技術は急速に近代化されていったが、生まれたばかりの出版業の近代化は苦難の道を歩み始めた。

　なお、この「出版年表で読む 150 年史」は、日本出版書籍協会編『日本出版百年史年表』などから学びまとめたものである。貴重な、資料を残された先人たちの感謝したい。

明治の出版が歩んだ道（1968 年～ 1912 年）

年表作成：出版メディアパル編集部　下村昭夫

謝辞：『日本出版百年史年表』などを参考に編纂いたしました。記して、お礼申し上げます。

黎明期の出版…近代出版の夜明け

1867 年 慶応 3 年	日本初の雑誌『西洋雑誌』創刊。幕府の開成所教授・柳河春三ら和紙木版刷。美濃紙半裁十数葉の小冊子、1869 年明治 2 年）10 月⇒第 1 号発刊。第 7 号まで発行。
1868 年 明治元年	太政官布告、「新聞や出版は新刊・重版を問わず官許のないものの発売を禁止」する。9 月⇒慶応 4 年 9 月から「明治」に改元。
1869 年 明治 2 年	5 月⇒「出版条例」公布。1722 年（享保 7 年）江戸幕府による「町触れ」の規制を踏襲し、奥付に版元名、著者名など記載を明記。新刊出願制度、許可制度などで統制し始める。
1870 年 明治 3 年	3 月⇒本木昌造、長崎新町に活版製作所開所。明治初期の活版術確立の基盤となる。ウィリアム・ガンブルの活字から、鉛・錫合金の「明朝体・号数活字」を考案。
1872 年 明治 5 年	6 月⇒旧広島藩主・浅野長勲が洋紙製造会社・有恒社創立。イギリスから抄紙機を輸入、1874 年（明治 7 年）⇒洋紙の製造開始。同年太陽暦採用、翌年 1 月 1 日より導入。
1873 年 明治 6 年	2 月⇒澁澤栄一、三井・小野・島田組と協力し製紙会社設立。後の王子製紙となる。5 月⇒製本術の伝授。カナダ人パターソン、印書局に雇われ、洋式製本術を伝授。青野桑州（紙幣寮石版部）、わが国初の石版による 2 色刷印刷始まる。6 月⇒森有礼、西周、福沢諭吉らが明六社創立。翌 3 月⇒『明六雑誌』創刊。20 頁、3000 部
1875 年 明治 8 年	1 月⇒イタリア人キオソン、銅板彫刻術や透かし入り抄造法を伝授する。6 月⇒「新聞紙条例」「讒謗律」公布。言論の自由が抑圧され、『明六雑誌』等が廃刊。9 月⇒新「出版条例」制定。内務省に届け出を義務付け、「版権（出版権）」を保障する。
1876 年 明治 9 年	10 月⇒佐久間貞一ら秀英舎を創立。後の大日本印刷の基盤となる。⇒ 1877 年（明治 10 年）「西南戦争」起こる。⇒ 1879 年（明治 12 年）「教育令」制定される。
1883 年 明治 16 年	1 月⇒大蔵省印刷局で、わが国初のコロタイプ印刷に成功。6 月⇒「出版条例」改正。10 日前に届け出制となり、罰則規定を強化する。
1886 年 明治 19 年	4 月⇒修養団体「反省会」設立され、翌年「反省会雑誌」創刊。後に、⇒ 1904 年（明治 37 年）に「中央公論」と改題。
1887 年 明治 20 年	2 月⇒徳富蘇峰ら「民友社」設立。「国民之友」を創刊。6 月⇒大橋佐平「博文館」創業。集録雑誌「日本大家論集」を刊行、出版、取次、小売、印刷、広告の統合する近代的出版社の誕生。11 月⇒東京書籍出版営業者組合創立、組合員 131 名で活動を開始する。12 月⇒「出版条例」改正、奥付に「出版者、印刷者の名前、住所、印刷年月日」を明記することを義務付ける。「版権条例」公布。
1889 年 明治 22 年	2 月⇒小川一真、わが国初の「コロタイプ印刷所」を東京・京橋に開所。⇒ 2 月 11 日「帝国憲法」公布、翌年 11 月 29 日施行。⇒同年、東海道本線全通。
1890 年 明治 23 年	3 月⇒「東京堂」創業、翌年卸売業を始め、日配統合まで「四大取次」の第一位。⇒ 11 月⇒第一回「帝国議会」開く。⇒ 10 月「教育勅語」発布。「商法」公布。
1892 年 明治 25 年	8 月⇒東京雑誌売捌営業担当者組合、組合員 68 名で創立。乱売防止を図る。
1893 年 明治 26 年	4 月⇒言論の取り締まりを一段と強化、「出版条例」廃止し「出版法」公布する。納本・検閲制度が定められ、多くの発禁本が生まれる契機となった。以降、敗戦まで、出版の取締法となる。同年、「版権条例」を廃止し、「版権法」公布する。
1894 年 明治 27 年	1 月⇒東京雑誌売捌営業者組合が「定価販売」を厳守協定。違反者には違約金 5 円を課すと決定。7 月⇒日清戦争勃発。⇒翌明治 28 年 10 月「博報堂」設立、出版広告始まる。
1896 年 明治 29 年	7 月⇒「新声社」設立、後に「新潮社」となる。『新潮』創刊は 1904 年（明治 37 年）。
1897 年 明治 30 年	6 月⇒光岡威一郎「大日本実業会」創業、「実業之日本」創刊。1900 年（明治 33 年）、増田義一氏に譲渡、「実業之日本社」となる。日清戦争を契機に実業之日本社時代を築く。7 月⇒「博文館」10 周年記念事業（後の「共同印刷」）等を設立。
1899 年 明治 32 年	3 月⇒「著作権法」公布、「版権法」や「写真版権条例」は廃止。4 月⇒「ベルヌ条約」に加盟する。戦後、改正されるまで、著作権ビジネスの基礎となる。
1900 年 明治 33 年	1 月⇒「凸版印刷」創業。⇒翌明治 34 年 7 月、日本広告株式会社、後の「電通」設立。

1902年 明治35年	6月⇒「博文館」15周年記念事業として「大橋図書館」開設（現在の「三康図書館」）・9月⇒東京書籍商組合「図書月報」を創刊。学校・図書館などに無料配布する。12月⇒教科書疑獄起こる。⇒翌1903年（明治36年）「小学校国定教科書制度」公布。丸善、ロンドン・タイムズ日本支社と提携、『大英百科全書』洋書月賦販売始める。
1904年 明治37年	4月⇒小学校「国定教科書」採用始まる。⇒同年2月「日露戦争」勃発。
1905年 明治38年	11月⇒「日米間著作権保護に関する条約」に調印。
1906年明 治39年	1月⇒実業之日本社『婦人世界』創刊。
1907年 明治40年	8月⇒逓信省、「第三種郵便物発行規則」廃止し、「第三種郵便物認可規則」制定。
1908年 明治41年	⇒大学館「書籍の委託販売」始める。実業之日本社『婦人世界』1909年1月号から「返品自由の委託販売」始める。
1909年 明治42年	⇒大日本雄弁会、後の「講談社」の創業。「面白くて、ためになる」雑誌王国の誕生。『雄弁』『講談倶楽部』『少年倶楽部』『婦人倶楽部』『少女倶楽部』『キング』等発行
1910年 明治43年	4月⇒「予約出版法」公布。6月⇒「大逆事件」起こる。幸徳秋水ら処刑。⇒8月29日、「韓国合併」、35年間にわたる朝鮮支配始まる。
1912年 明治45年	1月2日⇒夏目漱石『彼岸過迄』を朝日新聞に連載開始（4月29日まで）。3月⇒美濃部達吉「憲法講話」。⇒7月29日までは明治。

大正の出版が歩んだ道（1912年〜1926年）

大正デモクラシーの時代：円本時代の幕開け

1912年 大正元年	⇒7月30日「大正」と改元、10月⇒「怪盗ジゴマ」大ブームとなったが、子どもたちへの影響を恐れ、日本での上映禁止となる。
1913年 大正2年	8月⇒「岩波書店」創業、漱石『こころ』を始め、岩波文化の花開く。⇒9月、日露戦争の講和条約に反対する国民集会をきっかけに発生した日比谷暴動事件起こる。
1914年 大正3年	3月⇒東京雑誌組合設立。「雑誌の乱売競争防止」を掲げる。4月⇒東京雑誌販売組合、定価励行を規定。10月⇒東京図書出版組合、定価販売を規定。6月⇒「平凡社」創業、下中弥三郎著『や、此は便利だ』発行。「第一次世界大戦」勃発。⇒11月「オーム社創業」。
1916年 大正5年	⇒戦争の激化に伴い用紙代・印刷代・製本代暴騰し、出版物の「定価」も暴騰する。9月⇒東京家政研究会、後の「主婦之友社」創業。大正生まれの婦人誌に『婦人会』『婦人公論』『主婦之友』『婦人倶楽部』『女性改造』などがある。10月⇒岩波書店、定価販売励行、奥付に「本店の出版物はすべて定価販売御実行被下度候」と明記する。書籍・雑誌の「発禁事件」増加。出版物の取り締まりが強化される。
1917年 大正6年	10月⇒「ロシア革命」起こる。翌、1918年「米騒動」起こる。
1919年 大正8年	1月⇒「改造社」創業。⇒業者団体、雑誌は2月から、書籍は12月から「定価販売励行」を申し合わせる。
1920年 大正9年	5月⇒全国書籍商組合連合会設立、出席50組合。12月⇒洋紙の市価暴落、生産制限始まる。
1922年 大正11年	5月⇒東京出版協会宣伝機関誌『新刊月報』創刊。予約5万部を超える。1927年（昭和12年）『日本読書新聞』に引き継がれる。⇒8月、小学館創業。
1923年 大正12年	1月⇒『文藝春秋』創刊。9月⇒「関東大震災」が起こり、出版界も大被害こうむる。
1925年 大正14年	1月⇒講談社『キング』創刊。50万部から74万部発行部数増大（昭和3年には150万部突破）。以後、雑誌王国への道を駆け上る。10月⇒石井茂吉＆森沢信夫「写真植字機」発明。糸かがり機普及し、大量製本時代4月⇒「治安維持法」公布。11月29日⇒ラジオ放送開始（東京放送局［JOAK］）。
1926年 大正15年	8月⇒「集英社」創業。改造社『現在日本文学全集』全37巻の予約販売を開始。11月⇒円本時代の幕開け。

昭和の出版が歩んだ道（1926 年～ 1945 年）

戦争の昭和：抑圧される言論・出版「国敗れて山河あり」

1926 年 昭和元年	⇒ 12 月 25 日、「昭和」と改元。
1927 年 昭和 2 年	1 月⇒「紀伊國屋書店」創業→ 7 月⇒「岩波文庫」創刊→ 12 月⇒博文館『太陽』廃刊。 円本競争激化、広範な読者の獲得、印刷・製本・用紙・広告・販売に大きな影響。
1930 年 昭和 5 年	11 月⇒日本図書館協会主催「読書週間」開始。エロ・グロ・ナンセンス出版流行。
1933 年 昭和 8 年	7 月⇒内務省「出版検閲制度」改革。出版警察拡充方針、左右両翼出版物の取り締まり強化。 無届出版物の厳罰・発売頒布の禁止の権限強化。 8 月 ⇒「国際連盟」脱退
1935 年 昭和 10 年	1 月⇒芥川賞・直木賞が設立される。 4 月⇒美濃部達吉「天皇機関説」で告発される。
1936 年 昭和 11 年	2 月⇒青年将校らが決起し、「二・二六事件」勃発。 7 月⇒言論・出版統制のため内閣に情報委員会設置 。
1937 年 昭和 12 年	3 月⇒『日本読書新聞』創刊 (⇒同年、人民戦線検挙。日独伊防共協定、日中戦争勃発) 6 月⇒日本出版協会結成、加盟 3 団体。定価 20％「値上げ」を主要新聞に広告。 11 月⇒商工省「雑誌用紙の自主制限」方針を決定。
1938 年 昭和 13 年	4 月⇒「国家総動員法」公布。5 月⇒「郵便規則」全面改正。 11 月⇒「岩波新書」創刊される。
1939 年 昭和 14 年	2 月⇒「婦人雑誌」減ページ→ 5 月初の「雑誌年鑑」日本読書新聞社刊行。 8 月⇒商工省「雑誌用紙使用制限」強化。9 月⇒雑誌協会「削減の緩和申し入れ」。岩波 書店「買切制」導入（文庫・新書は 1941 年から実施）。
1940 年 昭和 15 年	5 月⇒内閣情報部「新聞雑誌統制委員会」設置→ 6 月、内務省「営利雑誌」創刊抑制方針。 7 月⇒内務省「左翼出版物」一掃方針、30 社 130 点発禁処分。各出版団体統合「日本出 版文化協会」設立。12 月⇒大政翼賛会設立。日独伊三国同盟結成。
1941 年 昭和 16 年	5 月⇒出版物の一元配給機関「日本出版配給」発足（資本金 1000 万円）。 6 月⇒「出版用紙配給割当規定」を実施。「言論・出版・結社等臨時取締法」 公布。12 月 8 日⇒太平洋戦争勃発。
1942 年 昭和 17 年	3 月⇒出版用紙全面統制のため「発行承認制」を実施。
1943 年 昭和 18 年	3 月⇒新統制団体「日本出版会」発足。 ⇒『改造』掲載の細川論文を契機に戦前最大の出版弾圧「横浜事件」が起り、冬の時代へ。 7 月⇒日本出版配給「書籍の全面買切制」を実施。11 月⇒「出版事業整備要綱」を発表。
1944 年 昭和 19 年	9 月⇒日本出版配給、取次一元化のため、「日本出版配給統制株式会社（日配）」として 新発足。
1945 年 昭和 20 年	8 月 6 日⇒広島に原爆投下、9 日⇒長崎に原爆投下。8 月 15 日⇒敗戦。「国破れて山河 あり」：廃墟の中から「蘇る出版」、民主憲法下での出版活動。

コラム

横浜事件

　1942 年 9 月、雑誌『改造』（8 月号・9 月号）に掲載された細川嘉六氏の論文「世界史の動向と日本」を谷萩大本営部長が「共産主義に基づく敗北主義」と批判、細川氏を検挙。一方、神奈川県特高は、アメリカのスパイとして検挙した川田寿夫妻の関係者の平館俊夫氏がもっていた一枚の写真に細川氏といっしょに写っていた『中央公論』『改造』の編集者たちを「共産党の再建会議」とでっち上げ、治安維持法違反の角で検挙、いもづる式に 60 名もの編集者を検挙した最大の言論抑圧事件。2005 年に再審が開始されが、罪の有無を判断せず裁判を打ち切る「免訴判決」が下された。

昭和の出版が歩んだ道（1945 年～ 1980 年）

戦後の再出発：平和憲法と言論・出版の自由

1945 年 昭和 20 年	8月⇒第二次世界大戦終結。残存出版社 300 社、書店 3000 店、日本出版配給統制株式会社（日配）1 社。9 月⇒ＧＨＱ、言論の制限に関する法令の全廃を指示。「出版法」「新聞紙法」効力を停止。「プレスコード」を発令、新聞・雑誌・書籍の事前検閲を開始。プレスコードのよる事前検閲開始。日本出版会解散。 10 月⇒日本出版協会創立。民主主義出版同志会「戦犯」批判強める。11 月⇒『日米会話手帳』ベストセラー、誠文堂新光社 360 万部、昭和裏面史を描いた『旋風二十年』鱒書房。総合雑誌『新生』『世界』『展望』『真相』『リベラル』続々創刊（48 年頃までブーム）
1946 年 昭和 21 年	4 月⇒日本出版協会分裂＝日本自由出版協会設立。 6 月⇒『リーダーズ・ダイジェスト日本語版』創刊。 11 月⇒日本国憲法公布－言論・出版の自由を保障。内閣府に用紙割当事務局設置。
1947 年 昭和 22 年	2 月⇒「カストリ雑誌」大流行（風俗・犯罪・性科学など 49 年頃までブーム）。4 月⇒「小売全聯」発足。7 月⇒教科書の検定制度始まる。岩波『西田幾多郎全集』で徹夜の行列。9 月⇒独占禁止法公布。出版物価急騰。日配が新刊書籍の委託販売制を復活。 10 月⇒戦前最大の出版社「博文館」廃業。
1948 年 昭和 23 年	1 月⇒公職追放令発令、出版関係者も追放さる。 10 月⇒小売全連（日本出版物小売業組合全国連合会）改称国立国会図書館法公布。戦前のような事前検閲のためでなく文化財保存のための納本義務規定。
1949 年 昭和 24 年	3 月⇒日配、ＧＨＱから閉鎖命令、出版社数 4581 社に発展。出版法・新聞法廃法、全国出版協会発足新取次会社創立。 9 月⇒日本出版販売、東京出版販売、日教販、中央社、大阪屋など
1950 年 昭和 25 年	1 月⇒カストリ雑誌、エロ雑誌などの取締り強化。6 月⇒『チャタレイ夫人の恋人』（小山書店）ワイセツ文書容疑で押収、発禁。（⇒朝鮮戦争勃発）
1951 年 昭和 26 年	5 月⇒用紙統制撤廃、第二次文庫本ブーム起こる。10 月⇒民放ラジオ開局、講談社ラジオ宣伝開始。岩波書店『世界』10 月号で講和問題特集。 11 月⇒都内定価、地方定価の二重定価始まる。
1952 年 昭和 27 年	11 月⇒第一次「改造」争議（⇒ 1955 年 1 月⇒第二次「改造」争議；そして『改造』は消えた）。『現代世界文学全集』（新潮社）、『昭和文学全集』（角川書店）全集ブーム。
1953 年 昭和 28 年	4 月⇒出版労組懇談会誕生（15 組合 1000 名、「出版労連」の前身）。9 月⇒ＮＨＫテレビ放送始まる。独占禁止法改正。出版物は「適用除外」で再販制適用されない。10 月⇒日本出版クラブ発足。松川裁判に対する批判論文『文藝春秋』『中央公論』に掲載。
1954 年 昭和 29 年	2 月⇒新書判ブーム『女性に関する 12 章』（中央公論社）38 万部など。 6 月⇒トーハンに電算機導入。9 月⇒講談社テレビ初ドラマ「水戸黄門漫遊記」（日本テレビ）に「講談全集」刊行記念で提供。 10 月⇒『週刊朝日』100 万部突破、『サンデー毎日』（→印刷の技術革新、高速カラー輪転化進む）。光文社 “カッパブックス”『文学入門』刊行。創作出版ベストセラーの始まり。
1955 年 昭和 30 年	3 月⇒新書判の大氾濫、新聞社系週刊誌の部数拡大（月刊誌から週刊誌の時代へ）。『世界大百科事典』（平凡社）刊行開始。悪書追放運動、マスコミ倫理懇談会設立。
1956 年 昭和 31 年	1 月⇒日本雑誌協会発足。2 月東販「全協・出版科学研究所」発足。2 月⇒『太陽の季節』太陽族流行。（→神武景気）。初の出版社系週刊誌『週刊新潮』創刊（→取材網、販売網、広告収入など新課題に挑戦）。6 月⇒再販価格維持（定価販売）契約実施。 10 月⇒文部省教科書検定強化のため検定調査官発令。
1957 年昭和 32 年	2 月⇒初の女性週刊誌、河出書房『週刊女性』創刊、筑摩書房など高額の豪華本の出版開始。日本書籍出版協会発足。 3 月⇒「チャタレイ裁判」上告棄却、有罪確定。10 月⇒「出版倫理綱領」制定。
1958 年 昭和 33 年	1 月⇒紙業界不況、上質紙など操短。 3 月⇒日本出版労働組合協議会結成（33 組合・3106 名、出版労協に改称）。 5 月⇒著作権法改正、© 表示を確認。『週刊明星』『週刊女性自身』など相次いで創刊。
1959 年 昭和 34 年	2 月⇒週刊誌創刊ブーム、ペーパーバックス時代。主婦と生活社争議）『週刊少年マガジン』『週刊少年サンデー』。（→『週刊現代』『週刊文春』『週刊平凡』）
1960 年 昭和 35 年	6 月 19 日⇒新日米安保条約が自然成立。『中央公論』7 月号〈湧きあがる民主主義〉を特集。 7 月⇒韓国の民主化進み日本の出版物の輸入を自由化。同年アフリカ諸国の独立相次ぐ。

◎　高度成長期の出版（1961 年から 1980 年までの出版）

1961 年 昭和 36 年	2 月⇒「風流夢譚事件」。右翼少年、中央公論社長宅を襲撃。『思想の科学』発禁処分。 12 月⇒平凡社『国民百科事典』刊行、25 万部ベストセラー。小売全連「書店経営白書」発表。
1962 年 昭和 37 年	4 月⇒日本出版クラブ「第一回日本出版人大会」開く。取次協会「出版取次倫理綱領」制定。 6 月⇒割賦販売の本格化（平凡社『国民百科』小学館『日本百科』）。少年マンガブームに。
1963 年 昭和 38 年	10 月⇒雑誌協会「雑誌編集倫理綱領」、小売全連「出版販売倫理綱領」制定。教科書無償措置法成立。12 月⇒書協・雑協・取協・小売全連 4 団体で「出版倫理協議会」発足。
1964 年 昭和 39 年	5 月⇒紀伊國屋書店・本店（東京新宿）、大型書店に改装（800 坪⇒書店の大型化始まる）。 4 月⇒職能教育の確立を目指し、出版人養成のための「日本エディタースクール」設立。 初の若者向け週刊誌『平凡パンチ』創刊─雑誌のセグメント化始まる。
1965 年 昭和 40 年	6 月⇒百科事典ブーム。全集ブーム（『日本の歴史─全 10 巻』ベストセラー、各刊平均 40 万部）家永三郎、教科書検定を違憲と訴訟。大学生にマンガブーム起る。 11 月⇒大学生 100 万人突破。ＡＢＣ雑誌部数調査始まる。雑誌のワイド化始まる。
1966 年 昭和 41 年	2 月⇒全日空羽田沖事故で、乗客全員 133 名死亡。出版関係者 24 名が遭遇。 5 月⇒東京で「ユネスコ・アジア地域専門会議」を開催。
1967 年 昭和 42 年	1 月⇒公取委「出版業界の過当褒賞の自粛」を促す。出版倫理協議会「自主規制」を強化。 9 月⇒小売全連「全国書店経営実態調査資料」を公表。 11 月⇒「出版コンピュータ研究会」発足
1968 年 昭和 43 年	5 月⇒河出書房倒産。10 月書籍「割賦法指定商品」に指定。（大学紛争激化）書協「日本出版百年史年表」刊行。11 月⇒川端康成「ノーベル文学賞」を受賞。
1969 年 昭和 44 年	3 月⇒ＮＨＫ大河ドラマ「天と地と」ベストセラー第一位、テレセラーの始まり。日本出版学会設立。12 月⇒ブリタニカ販売で消費者運動起る。紀伊國屋書店・梅田店開店。
1970 年 昭和 45 年	1 月⇒創価学会・公明党による言論・出版妨害（藤原弘達『創価学会を斬る』日新報道出版部）。2 月⇒『an an』創刊。初めてのショッピングのためのファッション誌。 4 月⇒「光文社争議」。5 月⇒新著作権法公布（翌年 1 月⇒新著作権法施行）。大阪万博開催。 70 年安保闘争。11 月⇒「三島由紀夫事件」起こる。
1971 年 昭和 46 年	3 月⇒雑誌正味 2％引き下げ。婦人誌新年号ブーム＋ 4 誌 557 万部。『朝日ジャーナル』 3 月 19 日号回収（赤瀬川原平「櫻画報」：編集権と経営権をめぐって労使が対立）。7 月⇒ 『講談社文庫』一挙 55 点刊行（第三次文庫ブーム『中公文庫』『文春文庫』『集英社文庫』）。
1972 年 昭和 47 年	6 月⇒国際図書年。6 月改正・割賦法公布、7 月情報誌『ぴあ』創刊。9 月⇒日書連が一部出版社の書籍を不買運動─ブック戦争。12 月⇒マージン要求（書籍正味 2％引き下げ）。 最初のムック別冊太陽『日本のこころＩ・百人一首』刊行（1200 円、20 組、30 万部超）
1973 年 昭和 48 年	9 月⇒石油ショック─ 第四次中東戦争。用紙高騰で出版物の高定価時代へ。日本出版労働組合連合会（出版労連）発足。11 月⇒「日本ブッククラブ」解散。
1974 年 昭和 49 年	2 月⇒用紙難続く。三省堂辞書「シール事件」起こる。11 月⇒三省堂「会社更生法」申請。 『文藝春秋』立花隆「田中角栄の研究─その金脈と人脈」掲載。9 月⇒地方正味格差解消
1975 年 昭和 50 年	10 月⇒出版産業 1 兆円突破─月刊誌部数、週刊誌を抜く。郊外店開業続く。ベトナム戦争終結。講談社『日刊ゲンダイ』創刊、リクルート『就職情報』創刊。 12 月⇒文庫正味統一 78 掛
1976 年 昭和 51 年	4 月⇒地方・小出版流通センター開業。地方出版物展示会、各地書店でブックフェア開催。 10 月⇒横溝正史『犬神家の一族』映画化、メディアミックス─角川商法話題。
1977 年 昭和 52 年	1 月⇒返品率の減少をめぐり「責任販売制」論議。11 月日販「情報検索システム」完成。5 月⇒公取委「再販制度の観点から見た出版業の実態について」を公表
1978 年 昭和 53 年	⇒八重洲ブックセンター開店─在庫 100 万冊の日本最大の店舗。7 月⇒筑摩書房更正法申請。再販問題起る。公取・橋口委員長「再販撤廃」を表明。金大中事件起きる。
1979 年 昭和 54 年	⇒国際児童年開幕。新雑誌創刊ブーム起こる。日書連「再販制廃止反対」100 万人署名・全国書店決起大会。
1980 年 昭和 55 年	⇒「雑高書低」雑誌の時代。『少年ジャンプ』320 万部。 5 月⇒出版労連「職業技術講座（出版技術講座）」開校。労働組合の「本の学校」誕生。 10 月⇒新再販実施（部分再販・時限再販・単独実施・任意再販）。

1981 年 昭和 56 年	1 月⇒日本図書コード発足。ISBN（国際標準図書コード）実施。3 月「三省堂神田店」オープン。3 月⇒『窓ぎわのトットちゃん』記録的なミリオンセラーに。『Dr スランプ』180 万部。10 月⇒写真週刊誌『FOCUS』創刊。ワープロによる本づくり始まる。
1982 年 昭和 57 年	1 月⇒書籍新刊発行 3 万点。タレント本 5 点ミリオンセラーに。書協「書籍返品現象マニュアル」配布。8 月⇒学習研究社「東証二部」へ上場。10 月⇒『FOCUS』創刊 1 年で 55 万部突破。
1983 年 昭和 58 年	1 月⇒酸性紙問題が提起される。2 月⇒日書連『返品減少運動』提起。4 月⇒日本編集プロダクション協会設立（→日本編集制作会社協会）。
1984 年 昭和 59 年	1 月⇒『週刊文春』疑惑の銃弾連載、『FRIDAY』80 万部完売→写真週刊誌 3FET 時代に。6 月⇒東販「TONETS」、日販「NOCS」構築。大手取次の情報化対応進む。11 月⇒平凡社『大百科事典』（全 16 巻）、小学館『日本大百科全書』（全 25 巻）刊行開始。
1985 年 昭和 60 年	6 月⇒生活情報型女性誌『オレンジページ』創刊。郊外店ブーム 700 店に。11 月⇒「国家機密法（案）に反対する出版人の会発足。12 月書協・雑協日書連相次いで反対表明。
1986 年 昭和 61 年	4 月⇒サン・ジョルディの日制定。三修社、CD-ROM 版『日英独最新科学技術用語事典』発売。9 月⇒日本電子出版協会設立。10 月⇒本の宅配『ブックサービス』開始。
1987 年 昭和 62 年	7 月⇒郊外型書店急増 2000 店、SA（ストア・オートメーション）化・複合化進む。岩波書店 CD-ROM 版『電子広辞苑』発売、12 月⇒角川書店の「買切制」話題に。
1988 年 昭和 63 年	1 月⇒出版 4 団体「売上税反対」表明。10 月⇒「日本複写権センター」設立。婦人誌 2 誌に女性誌ブーム。本づくりの DTP 編集始まる。「ちびくろサンボ」が消える。

平成の出版が歩んだ道（1989 年～ 2020 年）

1989 年 平成元年	1 月 8 日⇒「平成」と改元。4 月⇒消費税導入。定価表示で混乱。コミックの売上げ 4000 億円超える。流通対策協議会消費税導入後の価格表示で「公取委の見解」撤回要求訴訟。
1990 年 平成 2 年	7 月⇒日本図書コード管理委員会「JAN バーコード」導入を表明。電子ブック相次ぎ発売。8 月⇒径書房『ちびくろサンボの絶版を考える』刊行。10 月⇒ドイツ・ブーフメッセで「日本年」。
1991 年 平成 3 年	2 月⇒出版 VAN 構想スタート。印刷・制本業の人手不足深刻で危機に「本が危ない」。「有害コミック」青少年保護条例で書店員逮捕。3 月⇒出版文化産業振興財団設立。9 月⇒日本複写権センター発足。被害コピー年間 14 億万枚。11 月⇒ヘアヌード解禁『Water Fruit』（樋口可南子）宮沢りえ写真集『SantaFe』（朝日出版社）発売、年内 160 万部突破。
1992 年 平成 4 年	4 月⇒CVS のセブン・イレブン、出版物の売上高 1000 億円突破。5 月⇒東京都青少年保護条例改正による有害コミックの規制強化。朝日新聞社『週刊朝日』5 月 29 日号で休刊。
1993 年 平成 5 年	1 月⇒主婦と生活社『主婦と生活』4 月号で休刊を発表。3 月⇒出版文化産業振興財団、読書アドバイザ養成講座開講。4 月⇒講談社書籍正味 69 掛で統一。
1994 年 平成 6 年	1 月⇒公取委「出版取次業の市場構造に関する実態調査」を実施。書協「須坂構想」中間報告。6 月⇒『週刊文春』（6 月 15 日号）を JR 東日本が管内キヨスクで販売拒否。
1995 年 平成 7 年	1 月⇒阪神・淡路大震災で出版界にも大被害。日販王子 PB センター 24 時間稼働。9 月⇒米子／今井書店「第一回本の学校＝大山緑陰シンポジウム」開催。
1996 年 平成 8 年	1 月⇒公取委「規制緩和に関する施策の検討状況の中間報告」を公表。4 月⇒須坂構想実現に向け、ジャパンブックセンターを設立。9 月⇒紀伊國屋書店新宿南店オープン。⇒この年、出版物の推定売り上げ最高レベルに達す。以後、マイナス成長期に入る。
1997 年 平成 9 年	3 月⇒書協・雑協「出版 VAN 合同協議会」設置。出版関係者「再販制シンポジウム」開催。4 月⇒消費税 5% にアップ、本の価格を「外税表示」に変更。12 月⇒行革委規制緩和所委員会「著作物の再販価格維持制度の見直しについて」を公表。
1998 年 平成 10 年	⇒公取委「著作物再販制度の取扱いについて」継続検討を必要とするとの見解を発表。電子書籍コンソーシアム設立。翌年総合実証実験を開始。⇒角川書店が、東証二部へ上場を申請。中央公論社の営業権・資産譲渡を読売新聞社が取得。
1999 年 平成 11 年	児童買春・ポルノ禁止法案が成立、出版倫理協議会が見解発表。日販が出版者と共同出資し、ブックオンデマンド出版「ブッキング」を設立。
2000 年 平成 12 年	⇒髦々堂が負債 135 億円で自己破産。2 月日販「不良債権処理」90 億の赤字決算。TRC などが Web 書店「bk1」を設立。11 月⇒アマゾン・コム日本語サイト開設。警視庁、通信傍受法に基づく盗聴開始。12 月⇒トーハン客注システム「e-hom」稼働

◎ 2001 年から 2020 年まで：マイナス成長時代

2001 年 平成 13 年	3月⇒公取委／著作物再販制度の存廃について「当面、同制度を存続する」との見解発表。東京都「青少年の健全な育成に関する条例」を可決、「区分陳列」による規制強化。
2002 年 平成 14 年	⇒メディア規制法浮上、「知る権利」への規制強化と危惧深まる。8月⇒「住民基本台帳ネットワーク」稼働。朝の読書 1 万校が実施。『ハリー・ポッターと炎のゴブレット』（第 4 巻）、「買切」初版 230 万部でスタート
2003 年 平成 15 年	5月⇒個人情報保護法案可決、有事関連法などメディア規制を含む「戦争 5 法案」一気に可決。8月⇒出版流通の改善を目指す「出版倉庫流通協議会」発足。8月⇒「住民基本台帳ネットワーク」本格稼働。
2004 年 平成 16 年	3月⇒日本インフラセンター（JPO）IC タグの実証実験開始。6月⇒。貸与権、出版物にも適用著作権改正成立。7月⇒青山ブックセンター経営破綻洋販が経営権を取得
2005 年 平成 17 年	3月⇒日本と書コード管理センター、13 桁の ISBN に移行。8がつ⇒トーハン「桶川 SCM センターを竣工。『電車男』100 万部突破(新潮社「文字・活字文化振興法」が成立)。
2006 年 平成 18 年	4月⇒自費出版社の碧天舎自己破産。6月⇒アマゾン直販で「e 宅販売」商法を開始。6月⇒平安堂「古書センタ」を設立。12月⇒「本の街神保町を元気にする会」発足。
2007 年 平成 19 年	2月⇒出版物貸与センターが貸与量徴収を開始。3月⇒大日本印刷と図書館流通センターが業務提携開始。10月⇒「文字・活字文化推進機構」設立。書協と雑協が「50 年史」を刊行。
2008 年 平成 20 年	3月⇒再販問題で、公正取引委員会が出版社などにヒアリングを開始。6月⇒大阪屋と栗田出版販売が業務提携。11月⇒日販と日協販が業務提携。12月⇒丸善と TRC が「共同持ち株会社 CHI」設立、経営権統合を図る。
2009 年 平成 21 年	1月⇒大日本印刷、出版業界再編加速。丸善・ジュンク堂書店・図書館流通センターなどと業務提携。3月⇒世界中を巻き込んだ「グーグル検索和解問題」で論議。日本は対象外に。責任販売制で業界の模索続く、「電子タグの活用」「35 ブックス」など」
2010 年 平成 22 年	電子書籍元年、業界、急ピットで対応策奮闘。10月⇒国民読書年「記念式典開催。12月⇒村上春樹の『1Q84　BOOK1・2』大ブレーク、アマゾン上陸 10 周年、紀伊國屋書店の売り上げに迫る。12月⇒東京都青少年健全育成条例可決。
2011 年 平成 23 年	出版業界、電子書籍時代へ急展開。3月⇒東日本大震災発生。出版デジタル機構設立。デジタル化をめぐり違法な自炊代行会社横行。
2012 年 平成 24 年	3月⇒経済産業省「コンテンツ緊急デジタル化事業」に 10 億円支援。7月⇒楽天「kobo」・9月⇒アマゾン「Kindol」など電子書籍市場活性化へ、
2013 年 平成 25 年	7月⇒明文図書「自主廃業」へ、中堅取次受難の年。佐賀県武雄市図書館 CCC に管理委託。3月⇒「緊急デジタル化事業終了。12月⇒「特定秘密法案」可決・成立。
2014 年 平成 26 年	4月⇒消費税 8％にアップ。書店の販売環境悪化。著作権法改正、新たに「電子出版権」生まれる。10月⇒ KADOKAWA とドワンゴが経営統一。12月⇒「特定秘密法」施行。「知る権利」「報道の自由」危機と危惧深まる。
2015 年 平成 27 年	1月⇒電子出版権を認めた改正・著作権法施行。日本出版インフラセンター JPO、「出版情報登録センター」を創設。6月⇒栗田出版販売「民事再生」を申請。紀伊國屋書店、春樹本新刊の 9 割を買め占め。⇒出版業界、消費税引き上げ時に「出版物への軽減税率適用」の向け、運動強化。
2016 年 平成 28 年	2月⇒太洋社自主廃業から倒産へ。4月⇒大阪屋と栗田出版販売が統合、新取次「大阪屋・栗田」を設立。4月⇒電子版雑誌の読み放題「d マガジン」など急成長。紙の雑誌の苦悩広がる。7月⇒教科書発行会社の学校関係者への謝礼金問題社会的批判に。
2017 年 平成 29 年	1月⇒深刻さ増す、出版物の輸送問題で取次首脳陣、出版社へ協力要請。5月⇒中つり広告事前入手問題で、文藝春秋が新潮社に謝罪。6月⇒アマゾン、日販へのバックオーダー停止。出版業界の激震。12月⇒日系イギリス人カズオ・イシグロ氏ノーベル文学賞受賞。
2018 年 平成 30 年	5月⇒大阪屋・栗田、楽天の傘下に。日販とトーハンが物流で協業合意。11月⇒出版業界、11 月 1 日を「本の日」と制定。イベントに取り組む。12月⇒ POS レジの普及に伴いスリップレスの動き活発に。
2019 年 令和 1 年	1月⇒大手取次首脳陣「マーケット・イン型出版産業」への転換を提唱。5月⇒日販、持ち株会社制に移行。7月⇒「漫画村」運営者逮捕、出版業界、海賊版サイト撲滅へ対応策強化。10月⇒消費税 10％に引き上げ、出版物の軽減税率適用かなわず。
2020 年 令和 2 年	3月⇒コロナウィルス世界中に蔓延。出版業界も苦境に。コロナ禍で電子書籍の需要(特需)高まる。「紙の本」の苦境が続く。

索　引

著者略歴及び執筆分担

◎**能勢　仁**（のせ・まさし）【執筆分担：序章、第1章〜第6章】

1933年（昭和8年）：千葉市生まれ
　慶應義塾大学文学部卒業・高校教師を経て
　多田屋常務取締役、ジャパン・ブックボックス取締役（平安堂FC部門）、
　アスキー取締役・出版営業統轄部長、太洋社勤務
1996年：ノセ事務所を設立
　本の世界に生きて60年、世界中の本屋さんを見て歩き、書店に情熱を注ぐ。
〈主な著書〉
『世界の本屋さん見て歩き』（出版メディアパル）
『明治・大正・昭和の出版が歩んだ道』共著（出版メディアパル）
『平成の出版が歩んだ道』共著（出版メディアパル）など出版・書店実務書多数

◎**八木壮一**（やぎ・そういち）【執筆分担：第7章】

1938年（昭和13年）：東京都千代田区神田神保町生まれ
　立教大学経済学部卒業、証券マンを経て
1963年八木書店入社、1984年八木書店代表取締役に就任
2012年（平成12）より八木書店会長・第二出版販売会長・
　八木書店ホールディングス社長、日本古書通信社長に就任。
　全国古書籍商組合連合専務理事、ABAJ(日本古書籍商協会)会長、
　神田古書店連盟顧問、「本の街　神保町を元気にする会」事務局長などで活躍
〈主な著書〉
『明治・大正・昭和の出版が歩んだ道』共著（出版メディアパル）
『平成の出版が歩んだ道』共著（出版メディアパル）
『キリシタンと出版』共著（八木書店）
『百万塔陀羅尼の研究』共著（汲古書院）

昭和の出版が歩んだ道〈増補版〉

©能勢仁・八木壮一　2023

2013年11月15日　第1版　第1刷発行
2023年4月10日　増補版　第1刷発行

編著者──能勢仁・八木壮一
発行所──出版メディアパル　〒272-0812　市川市若宮1-1-1
　　　　　　　　　　　　　Tel & Fax：047-334-7094
　　　　　　　　　　　　　e-mail：shimo@murapal.com
　　　　　　　　　　　　　URL：http://www.murapal.com/

カバーデザイン──荒瀬光治　編集──出版メディアパル＋いえろお・はうす／前川裕子
組版──あむ・荒瀬光治＋前川祐子　CTP印刷・製本──平河工業社

ISBN 978-4-902251-44-9　　　　　Printed in Japan